抗日战争档案汇编

辽宁省档案馆藏满铁与九一八事变档案汇编

2

辽宁省档案馆 编

清華大學出版社

本册目录

一、在华搜集情报

一、在华搜集情报

奉天商工会议所关于辽宁兵工厂增招职工进行弹药生产情况的情报（一九三一年六月一日）

584　奉天商工會議所

受付 6.6.2 商工課

秘

奉商情報第四五一一號

昭和六年六月一日

商工課長

調査係

兵工廠ノ彈藥製造ニ關スル件

（卅一日調査）當地ノ兵工廠デハ本月上旬ニ時局問題ノ發生ト共ニ一部ノ夜業ヲ開始シ一週間位繼續シテ停止シテキタガ、去ル二十五日カラ第一・第二兩砲彈廠ハ新ニ職工百二十名ヲ、同ジク第一・第二兩槍彈廠（小銃彈）ハ同ジク八十名ヲ、第三槍彈廠ハ他ノ物品製作ニ從事シテキタノヲ復活シテ新ニ五十名ヲ各增員シ、晝夜兩班ニ別レテ砲彈並ニ小銃彈ノ製造ニ努力スルコトニナツタガ、コレハ全部中央政府カラノ要求ニヨリ、中央政府ニ送附スルモノデ、ソノ材料費並ニ生産費ハ全部中央政府カラ支給スルコトニナツテキルト謂ハレテキル。

585

奉天商工会议所关于辽宁兵工厂兵器弹药生产运输情况的情报（一九三一年六月十七日）

奉天商工會議所

637

秘

奉商情報第四五八九號

昭和六年六月十七日

兵工廠ニ於ケル兵器彈藥ノ製造狀況ニ關スル件

（十六日調査）當地兵工廠デハ最近夜業迄開始シテ、各種武器彈藥ノ製造ニ着手シテヰルガ、更ニ迫擊砲廠、大亨鐵工廠等ニモ各種砲彈ノ製造ヲ命ジテ全力ヲ盡シ製造ニ從事シテヰル。十五日兵工廠カラコレ等ノ武器彈藥ヲ三十噸貨車四十輛ニ滿載シ、二列車ニ編成シテ關內ニ發送シタ。

調査係

638

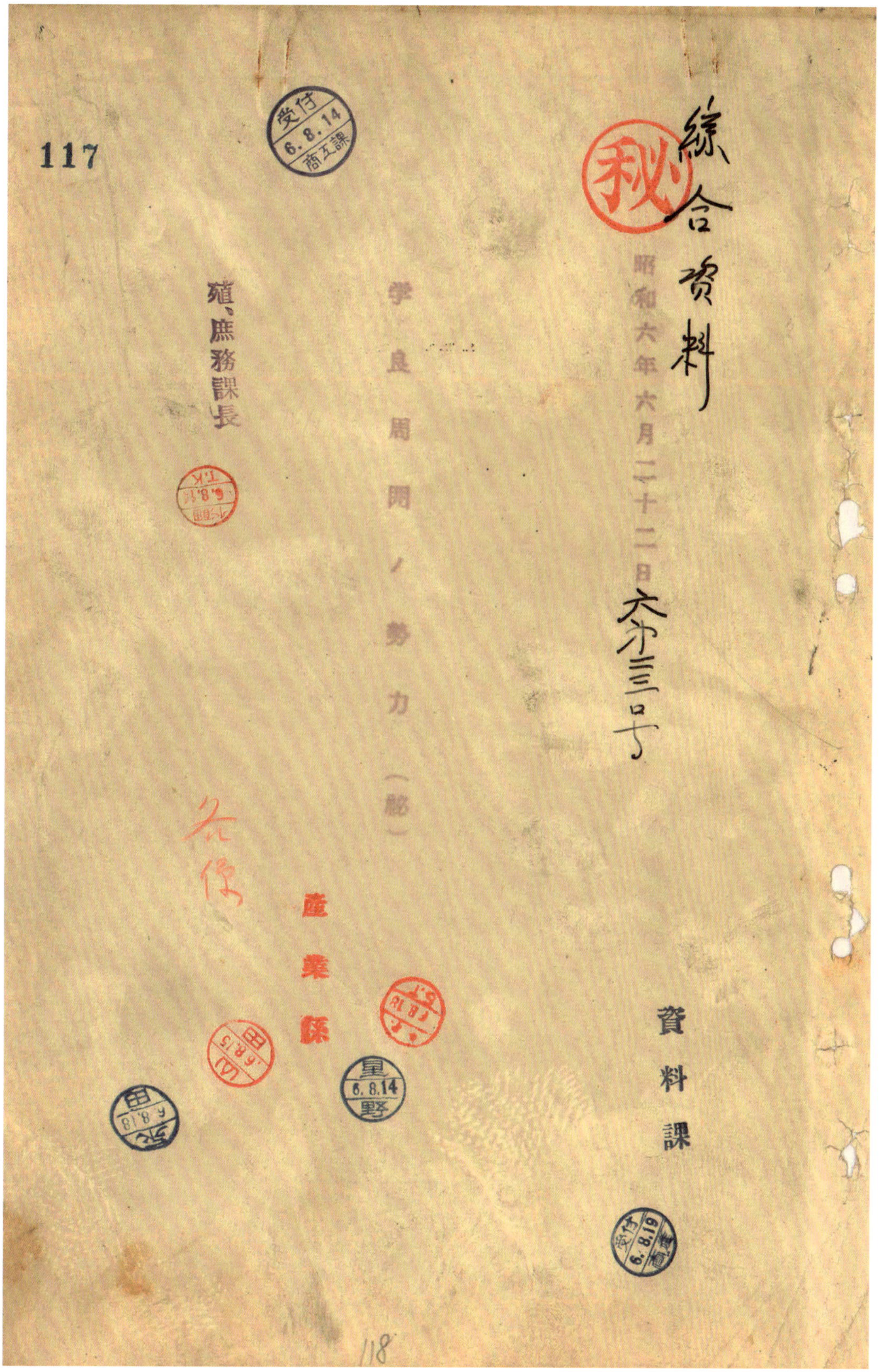

117

綜合資料

昭和六年六月二十二日

学良周圍ノ勢力（秘）

資料課

殖、庶務課長

産業課

满铁关于张学良周围势力的资料（一九三一年六月二十二日）

118

正　課

頁	行	
4	十三行第一字	「ス」ハ「ヌ」ノ課
〃 6	四行	神ハ紳ノ課
〃 11	六行	栄茎ハ栄蓁ノ課
〃 〃	七行	福賓ハ国賓ノ課
〃 16	三行第一次	「ノ」ハ「力」ノ課
〃 20	四行	学勉ハ労勉ノ課
〃 21	第一行見出シ	「第二期、中央擁護期」脱落
〃 85	第八行第六、第七字顚倒郎	「シト」ハ「トシ」ノ課

11P

119

目次

120

120

附録

2 高紀毅ニ就テ

1 高紀毅ト栄臻トノ関係

2 高紀毅ト臧式毅トノ関係

121

十

121

緒言

民国十七年六月四日作霖爆死事件後大変局ヲ見ルテアラウト思ハレタ東北ノ政局カ兎ニ角ニモ学良中心ニ帰シ七月四日学良カ保安総司令ニ就任シ同時ニ学良ヲ首班トスル東北臨時保安委員會カ組織サレ名実共ニ亡父ノ後継者トシテ恰モ東北カ張家ノ世襲的地盤ノ如クナッタノハ作霖多年ノ麾下タル張作相等旧派武人並ニ袁金鎧等旧派文官等結束ノ賜テハアッタカ彼等ヲシテ他ヨリ侵サルルコトナク協力一致学良推戴、現状維持ニ向ハシメタモノハ日本ノ直接的間接的指導並ニ後援ノ結果ト云ッテモ過言テハアルマイ。但此重大時機ニ當ッテ支那側ニ接触スル日本側ノ内部的事情カラ年少気鋭ノ学良一派ヲシテ日本操縦易々タリトノ軽侮観念ヲ与ヘ民国十七年末ノ唐突独断的易幟、次テ翌十八年一月ノ楊常暗殺事件及其後ノ行動ヲ執ラシムルニ至ッタノハ千歳ノ恨事ト云フヘキテアル。現在学良周囲ノ情勢ヲ正確ニ知ル為メニハ之ヲ左ノ三期ノ段階ヲ経テ観察スルヲ要ス

第一期　楊常事件後

122

- 2 -

122

由民国十八年一月至十九年九月

第二期　中央擁護通電ト関内出兵

由十九年十月至二十年四月

第三期　国民會議　至民国二十年五月

（註）北平ニ於ケル入院後ハ項ヲ改メ執筆スル豫定

123

第一期　楊常事件後

民国十七年十二月二十九日突如易幟セル奉天政権ハ事前南京ト諒解アリ国民政府ハ直チニ東北政務委員會、東北四省政府委員ノ任命ヲ発表シ学良ハ東北辺防軍司令長官、東北政務委員會主席ニ就任シタ。蓋シ政務委員會ナルモノハ面目上南方派方本仁ヲ加ヘタルノミテ実ハ旧東北保安委員會ノ看板塗換ヘニ過キス随テ東北ハ南京ニ対シ依然独自ノ立場ヲ保有シテ居タ即学良ハ依然作霖恩顧ノ文武官カラ擁立サレタ地方主権者ノ形テアル。文官方面ハ遼陽派ノ袁金鎧、于冲漢、海城人、劉尚清等吉林派ノ莫徳恵、臧文選、劉哲等ト瀋陽人王樹翰カ近側ニアリ。軍界ニテハ張作相、湯玉麟、張景恵、楊宇霆等譜代ノ武人連ト外様ナレト何豊林等元老等ハ此若キ新主人ノ補佐格ノ地位ヲ占メタ。

青天白日旗ニ明ケタ民国十八年ハ実ニ新東北ノ黎明ト云ヘヤウ。夫ハ一月十一日決行サレタ楊常暗殺ニ始マル学良ヲシテ之ヲ決行セシメタ直接関係者トシテ左ノ数名カ数ヘラレテ居ル

124

當時ノ全省警察廳長　高紀毅
〃　軍事廳長　榮臻
〃　第一旅長　王以哲
〃　衛隊統帯　劉多荃

此一挙ハ前年末ノ易幟ト共ニ深酷ニ東北文武官等ニ二重ノ心理的影響ヲ与ヘテ居ルト思ハレル即張学良ノ日本勢力無視。

（註）従来東四省内政情ニ動揺ヲ与フル如キ重大事アル場合ニハ非公式ニモ一應日本側ノ諒解ヲ得ヘキモノトノ観念カ在ツタ

ト改革実現ニ手段ヲ選ハヌ果断、ノ二ツカ夫レテアル、内心ハトニ角表面易幟ト南北統一ヲ故大元帥ノ遺嘱ナリト公言シ爾来中央擁護ヲ看板トセル学良ノ行手ニハ之ヲ遮キル何者（日本ヲモ含ム）モナイトノ観念ハ易幟ト楊常事件カ与ヘタ大ナル心理的影響ト民国十七年以来国論一致セズ日本ノ對支、對滿蒙政策ノ結果テアル

第一期間ニ現ハレタ特殊現象ハ左通リテアル

125

1. 吉林新旧両派ノ闘争カラ全旧派ノ消沈
2. 排外風潮（国権回収運動ヲ伴フ）
3. 浙江系ノ抬頭
4. 高紀毅ノ抜擢重用

126

~~6~~

1.吉林新旧両派ノ闘争ト全旧派ノ消沈

端ヲ吉會線問題ニ発シ惹イテ吉敦線敷設當時ニサカノボリ吉林旧派ノ日本満鐵トノ結托ヲ攻撃材料トシ更ニ七月ヨリ勃発セル露支抗争ニ付嗾シ吉林系教育界地方郷紳外交関係者ノ旧派文武官ヲ一括シテ窮地ニ陥レタ。攻撃スルモノハ

吉林新派　劉風竹一党

吉林専門学校出身、米国留学生出身及夫等ノ教授ニ率ラルル東北大学系一派

奉天国民外交協會一派

奉天師範系ヲ以テ堅メタ教職員聯合會ヲ中心トスル各界ノ新人連並ニ同系ノ外国留学生等ヲ幹部トス（撫順出身者多数参加セリ、此事実ニ更ニ充分ノ調査ヲ要ス）

交通委員會一派

當時已ニ高紀毅等其背後ニアリ相當多額ノ資金ヲ撒シ、ハルピン長春、奉天、天津等ノ支那新聞ヲシテ煽動セシム

127

東北文化社一派

浙江系ノ陣営ニテ沈能毅等主脳タリ之ニ東北新聞人趙雨時等加ハル

丁度此頃漸ク自立経営ノ域ニ達セントスル支那側新聞界カ日本人経営ノ漢字紙ノ勢力範囲ヲ切崩サント之ニ参加シテ奮闘シタ等ニテ結局旧派全体ハ此大勢ニ抗スヘクモナク沈黙退嬰ニ終ツタ。

此間吉林新派ノ新進ニテ学良秘書タル王家楨（叔父ニ旧派元老莫徳恵ヲ有シ随テ旧派トモ連絡アリ）カ他ノ同輩、先輩秘書（日本関係ノ陶尚銘等）ヲ抜イテ学良ノ寵ヲ一身ニ集メ日本関係殊ニ日本軍部中田中首相ノ身辺ニ接近スル一派、並ニ大倉財閥ト連絡シ對日接衝ニ當ツタノテ王家楨ヲ中心トシテ自然学良ノ周囲ニハ吉林新人カ蝟集シ、一方教育界ニモ吉林新人劉風竹カ牛耳ヲ執リ仝学コロンビヤ大学ヲ始メ米国留学生出身者カ集合結東シ是等ハ浙江系並ニ北京大学系ノ若手連中ト提携シ對日硬ノ空気ヲ学良ノ周囲ニホウハイセシメタ

128

8
128

2 排外風潮（国権回收運動ヲ伴フ）

吉會線反對排日煽動ノ余力ハ東支鉄道、東省特別區ニ向ケラレ武力ニヨル東鉄回收ニ踏入ツタカ此無謀ノ急進ハ今年末露軍ノ一撃ニ東西両戰線ニテ完全ニ打チノメサレタ、

此ニ於テ彼等ノ国権熱ハ再ヒ日本ニ向ヒ爾来執ヨウニ燃エツツアル恰モ溢レタル水カ低ク脆弱ナル点ヲ求メテ逸出セントスル勢ニ似テ居ル、

（註）吉林新派ノ抬頭ハ已ニ作霖時代ニ始マル作霖ハ吉林統治、搾取ニ総有策ヲ講シタカ吉林人ハ常ニヨク内部的ニ結束シ消極的ニ抵抗シ搾取ノヨリ少ナカランコトニ努メタ由来作霖ハ新派ヲ偏重シテ吉林内部ノ分裂ヲ策シタカ其ノ種子ハ学良ノ時代ニ於テ芽生エタノテアル尚南京政府ハ東北四省カ結束的保守態度ヲ執ルハ吉林旧派カ其ノ中堅ヲナスモノト観察シ吉林ノ内部的分裂ト吉林派ト奉天派トノ結束破壊ニ腐心シテ居ルコトカ看取サレル

128

3. 浙江系ノ抬頭

由来東三省ニハ外交関係其他ニ浙江、江蘇方面人士カ介在シテ居タ郎鄭謙、（揚常事件前死去セリ）張孤、沈瑞麟、羅文幹、顧維鈞、陶尚銘、周大文、王子文等

併シテ南京トノ提携前後ヨリ漸ク勢力ヲ擴大シ学良ノ近側ニ張孤ヲ筆頭トシテ若手ニハ北大系ノ朱光沐其他及胡若愚等カ集合シ彼等ハ南京上海、天津ト東四省政権トノ連絡ノ外学良ノ為メノ情報宣傳機関東北文化社ヲ擴充セシメ之ヲ一拠点トシテ根ヲ張ルニ至ツタ

其人員ハ少数テアルカ南北ノ往来頻繁トナルニツレ彼等ノ仕事カ華カテアル為メ特ニ東北官場内部人士ノ注目ヲ惹キ一面シツト的反感ヲ懐カレツツモ多クノ迎合者ヲ得テ居ル

然シ結局スルニ浮草タル本質ニハ変リナク南京ト東四省トノ関係薄クナルトキニハ放棄サルルモノテアラウ

~~11~~ 130

ム高紀毅ノ拔擢重用

高紀毅ト学良トノ私的關係ハ郭松齡事件最後ノ場面テ新民屯カラ高カ学良ニ電話セル時ヨリ始マル元來高ハ同シ袁金鎧ノ幕下ニアリ乍ラ揚宇霆カ日本陸士出身ニテ日本陸士出身者ニ厚ク支那学校出身者ヲ軽ンスルコトニ極端ナル怨ヲ懷イテ居タ民國十八年一月ノ揚常事件ハ学良カ高ノ此心理ヲ利用シ高亦学良ヲ利用シ怨ヲ晴シテ自分等ノ新針路ヲ開イタ相互利用ニヨルモノテアラウ、仝事件後高ハ全省公安局長ヨリ北寧局長ニ更ニ東北交通委員會副委員長ト拔擢サレ間モナク交委ト鐵道関係内部ニ於ケルハ勿論、総有方面ニ於テ旧常蔭槐ノ勢力ノ一切ヲ完全ニ継承把握シ更ニ之ヲ擴大シタ、南北統一ノ手前東北特殊ノ交通委員會ノ存続カ問題トナルヤ学良ノ命ヲ受ケ南京ニ使シ八月鉄道部長孫科ト同道帰満其間交委ノ存続ハ勿論、北寧車輌問題、收入金分配問題、胡蘆島築港問題等ヲ巧ミニ組合セテ解決シ北寧総局ヲ天津ニ移スコト等中央ノ面目ヲモ立テツツ現状ヲ維持シ北方ヲ大ナル損害カラ免レシメ更ニ断乎トシテ北寧路局内部改造ヲ決行シ十八年末天津ニ衍来會テ

131

試ミラレナカツタ商民ノ意見徴集ヲ標榜スル鉄路商務會議ヲ催シテ商民間ニ名声ヲ博シ之ヲ機トシテ満鉄ニ對抗スル東北鉄路ノ聯運計画ヲ策シ更ニ交委ニ命シ東北鉄道網計画ヲ樹ツルナト彼ノ行動ハ無人ノ野ヲ行ク如ク奔放不覊、学良ノ信任ヲ一身ニ担フ花形役者トナリ了セタ高カ其背景トシテ揚常事件ノ相棒栄臻、王以哲、劉多荃等学良近側ヲ利用シタノハ無論テアラウカ（但一説ニハ学良ハ栄荃ヲ厭フル為メ高ヲ利用セリトモ云フ）其上高ハ北方ノ雄万福麟ノ子万福賓（其夫人ハ学良正夫人ノ姪）ヲモ共同利益ニテ誘ヒ周大文ヲモ加ヘテ開灤炭ノ満州進出ヲ試ミタナト彼ノ活動ハ八面九臂ノ離業テアル。

（高ノ人物並ニ高トオストロウモフ（ゼネラルモータース関係者、交委顧問）トノ関係、高ト呉鼎昌、並ニ天津財閥トノ関係ハ後述スル）

132

第二期　中央擁護通電ト関内出兵

一、東北政権ノ対露抗争ニ於ケル惨敗ハ一時東北民衆ニ実力不足ヲ痛感セシメ折角抬頭シタ新興気分ノ出来ヲ挫イタ如ク見エタカ十九年三月ヨリ本物ニナツタ閻馮ノ反蒋戦ニ対シ南京政府カ東北ニ秋波ヲ送ルト共ニ南京引込運動カ起ルヤ之ニ刺戟サレ学良ヲ中心トスル新派連中ハ自負心ヲ恢復シタラシイ、此間南京外交部ニ次長トシテ王家楨カ引抜カレタ、之ハ一石三鳥ノ作用ヲナシタ即

1、東北人ヲ南京政府要路ニ採用シテ東北人ヲ喜ハセタ

2、実ハ吉林新人ニテ且ツ旧派トモ関係深イ学良ノ寵児ヲ学良ノ身辺カラ引抜イテ吉林新派ト学良トノ円滑ナル連絡ヲ阻害スル

3、日本政府当局ト学良トノ新聯絡ヲナス王家楨ヲ抜イテ日本ト学良トノ連絡ヲ断ツ

尚王家楨ノ推薦セル所謂秘書ナルモノハ依然学良ノ身辺ヲ囲繞シテ居ルカ夫等ハ何レモ通訳乃至小使的地位ニ過キス

学良亦一貫南方迎合ノ気分ヲ見セテ政治的ニハ南方出身者ニテ北京大学

133

系（北京大学ヲ始メ北京ニ於ケル専門学校以上出身者ノ総称）ヲ側近ニ集メ是等人物ト交遊ヲ続クルコトニヨリ南京政府ヨリノ連絡員監視役タル李石曾、張群、呉鉄城等ヲ喜ハセタ従テ袁金鎧、于冲漢等文官派元老張作相、張景恵、湯玉麟等武官派先輩等ノ勢力ハ日一日ト東北官場ヨリ薄ラキツツアツタ、但此間ニモ注意深イ学良ハ日本側ノ動静ヲ全然無視セルニ非スシテ反ツテ相当巨額ノ費用ヲ投シ裏面カラ刻々変化スル日本朝野各方面ノ情勢並ニ其對支對滿蒙政策ニ就テハ厳密ナル偵査ヲ怠ラナカツタ。

民國十九年九月反蒋戦ハ其ノ絶頂ニ到達シ勝敗決定ノ鍵鑰「キヤスチングボート」ハ豫期ノ如ク奉派ノ首領学良ノ手中ニ帰シタ　之ヲ一擲セシメテ中央擁護通電発出、関内出兵ヲ決意セシメタ　殊勲者ニ胡若愚、朱光沐カ挙ケラレテイル。之ハ旧北大系ニ声望アル李石曾ヲ以テ胡、朱両人ヲ通シ学良ヲ説イタ南京政府側策戦ノ成功テ作相等旧派カ湯爾和、孫傳芳ヲシテ主張セシメタ保境安民主義ハ遂ニ学良ノ耳ニ入ラナカツタノ

134 ~~14~~

デアル。

此一事ハ東北旧派文武官ノ意気ヲ一層挫折セシムルニ終ツタ、當時学良周囲ノ諸勢力ヲ概観スルト左ノ通リデアル。

135

1.政治方面

学良ノ近側ハ中央擁護ノ殊勲者胡若愚、朱光沐ヲ筆頭ニ南方人並ニ其同学ノ北大、北京軍需学校等北京学校出身ノ新進揃ヒテ堅メテ居ル、

朱光沐（南）北京大学。胡若愚（南）。沈能毅（南）南洋大学。蔡元（南）。葉弼亮（南）。湯国楨（南）聖約翰大学。呉家象（義縣）北大。金毓紱（遼陽）北大。周大文（南）天津新学書院。但北方人トシテハ趙雨時（北大）臧啓芳、杜乾学等新人アリ

表面理由ハ全国統一完成サレタル現状ニ於テ全支那ハ當然南京政府ヲ中心トシタ同一政治機構中ニ新シイ政治形式ト方針ノ下ニ進ムヘキテアリソレニハ南方トノ意志疏通上特ニ南方出身新人ヲ重用スルコトカ當然テアルトナス

但地方行政機関並ニ軍警機関ハ全部東北人ヲ以テ堅メタ。（軍部関係ノ学良直参ハ（万福麟、戢翼翹、劉翼飛、鮑文樾等アリ警務関係ニハ白銘鎮、黄顯声アリ）

136

~~16~~

2 財政経済方面

極端ナル東北人ノ東北ナル特殊的立場ヲ明瞭ニス即東北ハ日露両国勢ノ間ニ介在シ特殊ナル状態ニアル故中央トノ合作統一ニハ一定期間ノ中間期間ヲ要ス其期間内ハ先ツ此間ノ事情ニ精通セル東北人ヲシテ暫ク之ヲ管掌セシムルト云フニアル

東北財政経済、税務関係主脳者ヲ列挙セハ左ノ通リ

彭　賢（遼寧新民）前東三省官銀号総弁、辺業銀行総弁　作霖壯年時代ヨリ張家公私財産全部ノ監理人

張志良（瀋陽）前東三省官銀号総弁、現瀋海鉄路公司総理

劉尚清（海城）前東三省官銀号総弁、前農工総長、前奉天財政廳長、前奉天省長

翟文選（吉林）前東三省塩運使、前奉天省長、前交通委員會委員長

張振鷺（遼寧清源）前東三省官銀号総弁、遼寧財政廳長、印花税処長（北京軍需学校出身）

魯穆庭（営口）東三省官銀号総弁、北京軍需学校出身）

137

吳恩培（遼陽）東三省官銀号會弁
荊有岩（遼中）同　上、　河北財政特派員
蘇全斌（　　）東北辺防軍軍需処長（北京軍需学校出身）
尚産業、税務関係者ニ於テモ同様殆ント全部東北人ナリ
鄒作華（吉林省）興安屯墾督弁
劉鶴齢（海城）農鑛廳長（北京大学出身）
彭濟（鉄嶺）前建設廳長、現党務指導委員
孫祖昌（遼陽）前遼寧紡紗廠総理、現在劉尚清ト共ニ南京内政部ニ在リ
王廣恩（義縣）遼寧紡紗廠総理
李秀春（瀋陽）遼寧電燈廳長
于国翰（鉄嶺）鴨緑江採木公司理事長
丁鑑修（蓋平）弓長嶺鉄鑛公司総弁
劉効現（遼陽）東西夾荒行務局総弁
張成箕（遼北荒務局総弁）

一張賀実（開原）遼陽天利煤鑛公司総理
関定保（遼陽）菸酒事務局長
張之漢（瀋陽）東三省塩運使
翁恩裕（本渓湖）硝鑛総局長
白銘璋（瀋陽）西安煤鑛公司総理
尚省内各税捐局長ハ二、三ヲ除ク外全部東北人
富双英（遼陽）遼陽関監督
洪維国（義縣）山海関監督
李友蘭（法庫）安東関監督
但朱光沐ノ東三省官銀号総稽核ハタダ面子ノミテ実務ハ幇総稽核王徳恩カ之ヲ行ヒツツアリ本渓湖煤鉄公司総弁周大文ノ如キアリ又張家ノ鑛山監理機関タル東北鑛務局総弁王子文ノ如キアルモ之ハ特例ニ属ス

138

139

~~10~~

3. 交通方面

交通関係ハ高紀毅（瀋陽）（陸軍速成学堂、東三省陸軍測繪学校、交通部交通傳習所軍官班卒業）ノ「ピカ一」テアル高ハ故常蔭槐ノ権勢ヲ悉ク継承シタ計リテナク更ニ数段ノ勢力擴充ヲサヘ試ミテ居ルコト前述ノ通リ

統制機関トシテハ東北特異ノ東北交通委員會カアリ、高紀毅副委員長、委員盧景貴、同鄒致権、同蔣斌ナトアルモ実ハ高ノ勢力他ノ総テヲ壓倒シ現在亦高ハ学良ノ背景ヲ極端ニ利用シテ金融産業両面ニ亘ル勢力擴張ニ懸命テアル

東北交通委員會ノ計畫方面ハ顧問オストロウモフ（同秘書尹寿松）ノ献策ニヨルトコロ頗ル大ナリ

東北各鉄路ノ材料購入方面ニハ購料委員會アリ萬国賓（吉林農安）之カ主任テアル

電政方面ハ朱光沐名義上其最高地位郎東北電政管理局長テアルカ実権ハ彼ニ非ス、葫蘆島築港関係並ニ河北、秦皇島港湾関係モ高紀毅ノ配

140

140

~~20~~

下テアル北寧鉄路局ニ実権カアル。

其他東北勢力下ノ各鉄路亦大部分東北人カ首班ヲ占メテ居ル

北寧路　局長　高紀毅（瀋陽）

副局長　学勉（廣東）

同上　富保衡（吉林）

瀋海鉄路公司　総理　張志良（瀋陽）

吉海鉄路工程局　総辦　李銘書（河北生レ遼寧黒山）

吉長吉敦　局長　郭續潤（遼寧）

呼海鉄路公司　総辦　高雲昆（遼陽）

洮昂、斉克路工程局　局長　萬国賓（吉林農安）

四洮路管理局　局長　何瑞章（安徽）

天図鉄路公司　総辦　張書翰（山東生レ吉林）

洮索路工程局　局長　張魁恩（吉林）

東省鉄路　督辦　莫徳恵（吉林）

141

~~21~~

141

第二期（中央擁護期）中ノ特長テアル東北人ノ南京入リノ第二次移動ハ民国十九年晩秋ノ四中全會ヲ機會ニ一段ノ深ミニ陥入ッタ、即反蔣戦ノ清算ヲ行フ四中全會ハ十一月十三日ヨリ開會学良亦赴南之ニ参加シタ、其結果左ノ東北人数名ハ南京政府ニ入リ常駐スルコトトナッタ之ハ一面東北官場一部ノ分裂ヲ生スル結果トナルノテアル

劉尚清（海城）ハ内政部長ニ就任、同人ハ奉天ニ於ケル行政財政界ノ元老ニテ吉林派ト連絡アリ、同人ノ南京入リハ惹イテ其直属部下タル遼寧紡紗廠総理孫祖昌（遼陽）（内政部総務司長）ヲモ南京ニ引込ンタ

莫徳恵（吉林）ノ遣露使節トシテ入露

同人ハ奉天行政財政界元老ニテ劉尚清（海城）文選（吉林）トノ三名ハ親友関係カラ東北ノ奉吉両省並ニ新旧両派ノ楔ノ役目ヲ勤メテキタモノテアルカ之ヲ三者共完全ニ引離シタ

張景恵ノ軍事参議院長就任

142

142 ~~22~~

東北軍界ニテハ湯玉麟ト共ニ最古参テアリ硬骨漢テアリ又相當ノ智慧者テモアツタカ之ヲ南京ニ祭込ンタ

但奉天側テハ張景恵ハ北方ノ重鎮タル意味カラ南京ハ兼任ト云フコトニ妥協シタ

学良側近ノ新派ノ雄鮑文樾（遼寧鳳城、北京陸大出身）ヲ南京ノ参謀次長ニシタ。

143

4、平津進出奉派ノ人々

尚第二期中ノ今一ツノ変化ハ関内出動ニ伴ヒ新地盤平津ヘノ奉天派ノ進出カ生ンタ移動テアル。

新地盤ノ陣容大体左ノ通リ

河北省政府主席　王樹常

秘書長　劉善釘

民政庁長　婁学熙

教育庁長　趙雨時　新民晩報社長ニテ学良ノ記録秘書タリ後東三省民報社長ヲ兼ネ東北文化社ニモ関係ス

東北国民党中堅分子

建設庁長　林成秀

農礦庁長　常炳彝

財政特派員　荆有岩

北平外交処長　高清和

144

~~24~~

北平市長欠、　後周大文、現青島市長胡若愚兼代、
北平公安局長　鮑毓麟
〃　市教育局長　王捷俠（中国青年党関係ニテ辞）
北平財政部印刷局長沈能毅　朱光沐ノ腹心ニテ南方人、学良祕書
東北文化社ノ事務主任、此頃東北文化社ハ平津進出ヲ試ミ天津大公報社内ニ支社ヲ設置セリ、大公報社主ハ塩業銀行総理呉鼎昌、社長ハ国聞通信社長胡霖ナリ、尚印刷局長ノ椅子ハ祕密収入頗ル大ナリ
平津衛戍司令　于学忠（山東人、呉佩孚旧部下）
察哈爾省政府主席　劉翼飛（学良ノ忠僕）
天津市長　張学銘
市政府公安局長　同上

145

第一區第三區主任　盧籙（旧楊以德ノ部下）

第二區主任　寧向南（学銘祕書）

社會局長　臧啓芳（前東北大学法科学長東北国民党ノ中堅分子）

津海関監督　韓麟生（麟春ノ弟、前京奉路局長）

長蘆塩運使　洪維国

天津太沽造船所長　柴士文

平漢路局長　葛光庭

平綏路局長　曾廣勷（南方系人物）

副局長　于長富

山海関監督　史靖寰

146

第三期　国民會議直後（民国二十年五月）

胡漢民ノ突然ノ監禁ハ南京政府ヨリ廣東派ノ分裂脱出ノ直接原因トナリ案外大ナル変化カ発生シタ此ノ際学良等東北ノ態度ハ頗ル重視サレタカ学良本人ハ堂々夫人迄伴ヒテ南京入ヲナシ国民會議ニ参加斡旋スルトコロアリタルノミカ蔣介石夫妻ト交情濃ヤカナルトコロヲ見セタ

彼ノ態度ハ表面何処迄モ中央擁護ニ変ルトコロナキカ如クニ見ユル

五月末再ヒ突然飛行機ニテ天津著次テ自動車ニテ北京入リヲナシタカ月末病ミ六月一日協和医院ノ隔離病室ニ入ツタ、流行感冒、腹部疾患、次テパラチブス、狙撃説、死亡説迄生シテイルカ其ノ眞相ハ不明

六月三日彼カ病室ニアルニ拘ラス学良ノ誕生祝賀ハ北平旧外交大楼ニテ催サレ左ノ顔振レニテ招待状カ発セラレタ（内輪ノミノ宴會ナリトテ支那側以外ノ出席者ハ柴山顧問、東支理事露人二名、及労農奉天総領事ノミ参加シタ）、但シ東北文武要人ハ張煥相（航空代理司令）ヲ除キ其ノ他ノ大部分ハ北平ニ参集シタカ夫等何レモノ言動中ニ学良ノ病状カ極秘トサレタルコト並南方ニ於ケル南京廣東ノ對立、共産軍ノ跋扈、北方雑

147

軍ノ態度等各種ノ原因カラカ一抹ノ不安カ作用シ居ルハ見遁シ難イ現象
テアツタ

（学良誕生賀宴招待狀ノ主人側氏名）

張学曾（学良ノ弟）
顔文海（軍法処長）
朱光沐（陸海空軍副司令総務処長）
戢翼翹（陸海空軍副司令參謀長）
張学銘（天津市長、学良実弟）
王樹常（河北省政府主席）
于学忠（平津衛戍司令）
胡若愚（青島市長兼代北平市長）
陳欽若（元辺防軍軍事副処長）
蘇金斌（軍需処長）
湯国楨（陸海空軍副司令部
北平副官処長、少将、上海人）
朱光沐ノ傍系、但シ現在ハ
朱ノ株ヲ奪ヒツツアリ

148

~~28~~

董舜臣（日本陸軍大学卒業、学良ノ軍事秘書）
沈祖同（外交部遼寧辨公署秘書）
陳国光
劉栄毅（辺防軍事廳軍医処長）
龔獨亮、学良秘書（元総書処副処長、即王樹翰ノ副、朱光沐直系）
沈能毅（北平財政部印刷局長）学良秘書格
蔡　元（北平市財政局長）学良秘書格
頼愷元
周従政
唐奎斌
何立中（副司令部某局長）
即右主人側トシテ名ヲ連ネタルハ北平ニ在職セル奉派幹部並学良ノ近親者ト秘書格ヲ網羅セルモノデアル、但シ
朱光沐ハ同シク病ミ（パラチブス様症状トモ言ヒ又学良看護ノ為欠席セリトモ言フ）

148

149 ~~20~~

常ニ学良ノ身辺ニアツタ李應超（トーマス・リー）ハ同三日ニハ協和医院ニテ腸出血ニテ危篤狀態ニアリ、高紀毅ハ病気ト称シ北寧路局二階ニ蟄居シテ欠席セリ

150

~~30~~
150

ノ朱光沐ニ就テ

朱光沐ノ勢力ハ其ノ出身地ノ関係ヨリ南京政府系、浙江財閥関係カアリ学歴ヨリシテ北大系ト連繋アリ又妻ノ父朱啓鈐ノ平津方面ニ於ケル余勢亦相當影響アルヘシ、学良ニ對シ個人的ニハ三四方面軍時代ヨリ作霖大元帥時代ニ亘リ胡弓ノ名手トシテ学良ノ歌唱ニ伴侶トナリダンスニ花柳ノ巷ニ常ニ附随シテ特殊ノ親シミヲ加ヘテ居ル外、易幟當時ヨリ其ノ後引続キ大親分タル張弧、弟分タル胡若愚、叔父格ナル沈瑞麟、王廕泰、兄弟分タル周大文、乾分ナル沈能毅、葉弼亮、等南方系人物ト響應シテ学良ノ中央擁護ノ色彩ヲ濃厚ナラシメ南京政府ヲ始メ南方人士ト学良トノ連絡ヲ円滑ニシタ功績、コトニ民国十九年反蔣戦ニ終局ヲ与ヘタ中央擁護電発出ニ胡若愚ト共ニ活動シタノハ実ニ殊勲ニ値シ学良ノ信任ハ他ノ追随ヲ許サナイモノカアッタ

然ルニ彼カ大ナル背景ト頼ル南京政府ハ胡漢民監禁事件、廣東派ノ退出以来其ノ影薄ク今ヤ再東北ノ後援ヲ必要トスル破目ニアル、又朱カ大親分ト仰ク張弧ハ塩税関係ニ於テ南京政府ニ利用サレ南京経済界

151

151

~~81~~

議ノ主席委員タルモ其ノ背景ハ青幇テアリ近年已ニ上海、天津何レノ経済界ニモ実勢力無シ仮ニ南京政府ノ立場カ今日ヨリモ悪化スルカ或ハ他ノ内部的原因カラ万一奉軍ノ関外引揚トモナラハ学良及奉天軍ヲ関内政争ノ渦中ニ誘ツタ首魁トシテ朱ハ當然東北人ヨリ排撃サルル地位ニアル、殊ニ朱ニハ之ヲ援助スル武力的背景無キ故棄テラルル場合ハ至極簡単ニ片付ケラルルモノテアラウ。又同人等ト従来行動ヲ共ニシタ学良周囲ノ北大系新人等モ身ヲ挺シテ迄彼ヲ擁護援助スルコトハナサヌテアラウ

現在交委内ノ東北電政管理処長、経済方面ニハ官銀号総稽核ナト兼職スルモ只ニ名ノミテアル

朱ノ学良秘書長格ノ職亦最近ニテハ湯国楨ニ奪ハレツツアル。湯ハ上海料亭ノ息上海聖約翰大学卒業東北文化社駐滬代表銭芥塵ノ紹介ニテ学良ニ知ラレ学良ノ特使王卓然ト共ニ夫婦ニテ渡米修業セリ

152

152

~~32~~

2 高紀毅ニ就テ

学良トノ相互利用ニヨル楊常事件ハ前述ノ如シ人物ハ俊敏相當膽力モアリ随テ果断テアルカ惜イ哉金銭ニ恬淡テナイトコロニ大ヲナス素質ニ欠ケテ居ルトハ云ヘ北寧局長交通委員會副委員長トシテ交通界ノ最高權力ヲ一手ニ掌握シ断々乎トシテ改革整理擴充シ東北交通網ノ建設連絡運輸ノ完成ニ突進シ満鉄ノ牙城ニ迫ル計畫ト意気トハ誠ニ壮ナリト云フヘキテアル。

彼ニハ親分ト仰クモノハナイ又師事シテ其策ヲ得ル先輩モナイ、但交通運輸計畫等技術的方面ニハ彼ノ智恵嚢トシテ前東支長官タリシ白系ノ「オストロウモフ」（米国留学出身。技師、「セネラルモーターズ」関係者）ヲ東北交通委員會顧問トシテ其翼下ニ置キ彼ノ献策ヲ得ツツアルコト、「オストロウモフ」ト交友関係ノ尹寿松（祖憲庭ノ娘ノ婿）ヲ利用シ其献策ヲ聞クナト高ノ用意ハ頗ル周到テアル。

更ニ昨年北寧総局ノ天津移轉以来、天津ニ常駐スル関係カラ平津方面財界ト接近スル機會多ク殊ニ天津ニ於ケル財界ノ巨頭呉鼎昌（セネラ

153

ルモータース天津ノエゼント、塩業銀行総理大公報持主）トノ提携ニヨリ四行ヲ通シ天津財界トノ連絡ハ相當強固トナツタラシイ（此項具体的事実要調）

註、呉鼎昌ハ塩業銀行総理ノミナラス天津ニ於ケル塩業、金城、大陸、中南四行聯合準備庫ニ指導的立場ヲ有スルノミナラス南開大学ノ一後援者ナリ

其呉鼎昌ハ本年奉天ニ来ツテ塩業銀行ノ東北四行ヘノ割込ミニ成功シ又高紀毅ト劃策シ高ハ其腹臣王鏡寰（実ハ故王永江系最後ノ一人ナルカ位地保全ノ為メ最近ハ高ノ腹臣ノ如クナツテ居タ）カ大株主テアル東北銀行ヲシテ特産ノ大買〆ヲ行ハセ其大損失ニ乗シ特産ト共ニ東北銀行資産全部ヲ塩業銀行ニ併合シタ東北銀行ハ故郭松齢派機関ニテ東北文武官ノ預金多数アリ最近ハ遼陽派ノ機関銀行タツタコノ破産ニテ大株主王鏡寰ハ自個ノ資産ノ大部分ヲ失ヒ非常ニ高ヲ怨ンテ居ル、奉天ニテハ此東北銀行破産ヲ天津財閥東北進出ノ犠牲タト云ツテ居ル又張家ノ土地不動産関係機関テアル三畬棧亦特産ニ手ヲ染メ其大損失ハ

154

東三省官銀号ニ轉嫁サレタ之モ高紀毅ノ策戦タト云ハル（三畬桟ノ損失ハ同シク張家機関銀行タル辺業銀行ニ持込ムヘキモノヲ官銀号ニ振向ケタノハ官僚資本主義ノ特長テアル）而モ債権一部ハ辺業銀行之ヲ把持セリト云フ、高紀毅ト呉鼎昌トノ関係ハ特別注目ヲ要ス（此項更ニ調査ヲ要ス）

高紀毅ハ従来東北交通ニ勢力（産業資金、金融資金）ヲ集中スヘク其権限ノ擴大ニツキ腐心シテ学良ノ大権ヲ利用出来ルタケ利用シタ鉄道計画、国道計画、港湾、河川等々ノ計画ハ着々ト進メラレ今ヤ東北交通ハ東北新資本主義ノ根幹タルヘキ資格ヲ備フルニ至ツタ仮リニ米国資本ニセヨ、交通ヲ通シ交通ノ計画ニ対シ投資セントスルノ機運ニ達シ交通ノ信用、従イテ高ノ信用ハ非常ニ昂メラレタ

高紀毅ハ尚モ利用出来ル限リ張家ノ封建勢力ノ随勢ヲ利用セントスル即張学銘ヲ拉シ来ツテ国道計画ノ主任者ノ地位ニ据ヘタカ然シ高ノ真意カ表面化シタトキハ高紀毅ト学良即張家トノ利害ハ両立セス対抗的関係トナルテアラウ。高自身ハ決シテ永久ニ学良ノ忠僕テハアリ得マイト思ハル。

155

~~35~~

(附録)

1.高紀毅ト栄臻トノ関係

学良ハ楊常事件前後ヨリ一時栄臻等旧派コトニ日本陸軍士官学校出身閥ヲ抑ユル為メ高紀毅ヲ利用シタ栄臻(日本陸士中途退学)亦之ヲ充分知悉シ居ルノミナラス旧派文武官亦此間ノ事情ヲ承知シ居ルカ彼等ハ最近ノ高紀毅ノ計画ヲ看破セスニハ置カナイ即学良勢力ノ根幹ニ触レ之ヲ動揺セシムル虞アルコトハ同時ニ東北現在ノ文武官ノ位地全体ニ影響アリシト遂ニ之カ對抗策ヲ考究シ始メ彼等ハ其後援ヲ日本人ノ間ニ求メツツアリ。栄臻ト其同列及其背後ニハ旧派武官ト文官カ付イテ居ル。

156

156 ~~36~~

（附録）

2 高紀毅ト臧式毅トノ関係

元来楊宇霆系トシテ臧式毅ト高紀毅トハ両立シ難イ立場ニアル筈テアルカ経済的関係カラ最近両者間ニ利害一致シ密カニ融和提携ノ途カ開ケタト云ハレル

即高紀毅ハ東北銀行ハ之ヲ潰シタカ仝銀行配下ニアル数軒ノ特産商ニ對シテハ特別ニ資金ノ貸出其他ノ便宜ヲ与ヘテ之ヲ援助シツツアリ是等ト関係アル臧ハ旧怨ヲ棄テテ高ト連絡スルニ至ツタトノ噂テアル、

（但此項ハ具体的事実ヲ調査スル要アリ）

尚学良カ臧式毅ノ監視役トシテ付ケテイル周濂ハ只学良ノ一忠僕ニ過キス而モ臧カ日本側ト近接スルコトヲ監視スルノミテアルト

（筆者小林）

157

奉天商工会议所关于辽宁兵工厂向关内运送武器弹药的情报（一九三一年七月九日）

受付
6.7.10.
商工課

762

奉天商工會議所

秘

奉商情報第四六八九號

昭和六年七月九日

武器ノ關內發送ニ關スル件

（八日調査）遼寧兵工廠米督辦ハ今回張學良ノ命ニヨリ、兵工廠ニ貯藏中デアツタ小銃一萬三千挺、小銃彈五百萬發ヲ木箱三百五十餘個ニ荷造リシ、北寧線ニヨリ關內ニ發送シタガ、コレハ東北軍ガ愈々南京政府軍ト共同作戰ニ出ルタメダト謂ハレテヰル。

調査係

中
6.7.10
高

受付
6.7.10
商調

763

满铁资料课关于东北地区的中国国民党的相关资料（一九三一年七月十日）

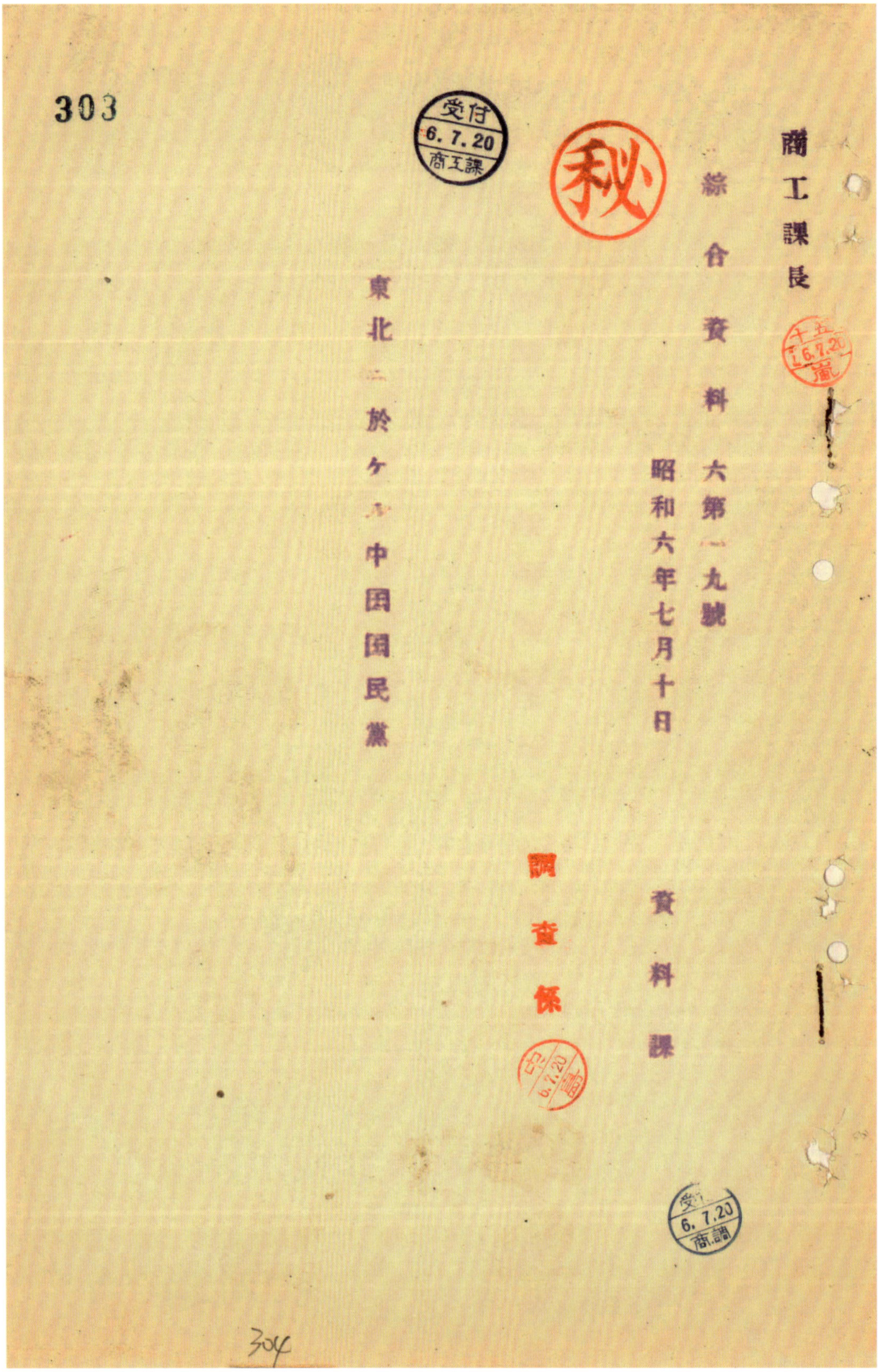
303

秘

受付 6.7.20 商工課

商工課長

綜合資料 六第一九號

昭和六年七月十日

東北ニ於ケル中国国民黨

資料課

調査係

受付 6.7.20 商調

304

304

東北ニ於ケル中国国民黨

305

一、国民黨ト東北政権

支那ニ於ケル所謂国民革命トハ国民黨ノ発展ト擴大テアリ三民主義ノ全国的普遍化テアル。故ニ国民政府ノ本質ハ国民黨テ国民黨ノ主体ハ三民主義テアル

歴史的ニ東北ハ三民主義ノ影響外ニ在ツタ。張作霖、張学良ノ封建的残存勢力カ今日迄命脈ヲ保チ得タコトハ一ニ此ノ三民主義ノ影響外ニ在リ得タコトカ其重要ナル原因ヲ為シテイル。民国十八年秋張作霖ハ三民主義ヲ拒否シ、国民黨ヲ排撃シテ国民革命軍ト闘ヒ関外ニ退イテ爆死シタカ、張学良ハ其年十二月二十九日東北ニ青天白日満地紅ノ革命旗ヲ掲ケシメタ。蔣介石ハ先ツ東北ニ青天白日旗ヲ掲ケシメタル後、国民黨ノ名ニ於テ東北ヲソノ政治的三民主義ノ範疇ニ入レシメントシタ。東北ノ政治ハ封建的独裁テアルカ、国民黨ハ民主集権ヲ標榜スル。東

北ノ国民黨化ハ封建的独裁制ヲ崩壊過程ニ上ラシメルモノテアル。

民国十八年三月四日中央常務會議ニ於テハ東北黨部設立ノ為ニ左ノ如ク指導委員ヲ任命シタ。

遼寧省・・・劉不同、王秉謙、何成濬、徐寿軒、王樹常、方本仁

吉林省・・・劉廣瑛、郎鴻鈞、吳保豊、劉文島

黑龍江省・・單成儀、熊飛坤、田見龍

哈爾濱特別區・・・谷正倫、龔介民、靳鶴声

然ルニ思想的ニモ文化的ニモ南方ニ劣レル東北ノ官界ハ南方人ノ斯ウシタ異物ノ介入ヲ毛嫌ヒシ努メテ婉曲ニソノ工作ヲ制肘シ事実東北ニ於ケル国民黨組織ヲ不可能ナラシメタ。又任命サレタル黨務指導委員モ東北ノ此ノ空気ヲ観取シテ強イ

307

~~3~~

テ組織工作ニ努力シヨウトシナカッタ。其結果事実ニ於テ本年三月迄東北ニ於ケル国民黨ハ個人トシテハ少数ノ存在ヲ有ッタカ、黨トシテハ実在シナカッタ。

昨秋北方ノ時局解決シ張学良南京ニ赴クニ及ンテ国民黨的中国ノ統一カ問題トナリ、学良カ中央擁護ヲ口ニスル限リニ於テ東北黨部ノ設立ヲ承認セサルヲ得ナイ破目トナッタ。学良ハ蔣介石ト提携スルコトニ依ッテ北方関内ノ地盤ト中華民国陸海空軍副司令ノ栄冠トヲ戴イタカ、ソノ代償トシテ東北ノ国民黨化ヲ許スコトトナッタ。此ノ交換ニ於ケル利害得失ハ将来ニ俟タナケレハナラナイカ、國民黨勢力ノ東北侵入ニ依ッテ東北ノ民主化、封建性ノ崩壊ハソノ速度ヲ加ヘルコトハ何人モ首肯シ得ルトコロテアル。

308

二、東北党部ノ成立経過

国民党中央党部ハ本年五月五日南京ニ於テ開催セラレタ国民會議ノ代表選挙ノ監督ヲ兼ネテ各地重要党務視察ノ名義ニテ左ノ如ク各地ニ有力ナル党員ヲ派遣シタ。

東北　呉鉄城　西南　褚民誼　北方　孔祥熙

河南　程天放　西北　郭同、劉紀文

東北ニ派遣セラレタル呉鉄城ハ北京ニ於テ張継ト俟チ合セ国民党組織ノ為ノ東北入ノ機ヲ窺ツタ。陸海空軍副司令トシテ北京ニ在ツタ張学良ハ最初ヨリノ関係ニテ東北党部ノ設立ハ時勢ノ動カストコロ已ムヲ得ズトスルモ張作相、万福麟、湯玉麟ノ守旧派ヲ動カシテ承認セシメルニハ相當ノ努力ヲ要シタ。三月十八日中央党部ハ東北政務委員會宛ニ張学良ヲ遼寧省主席ニ任ジ彭済群、湯国楨、郗士濂、李少沆、康曉冬、朱光沐ヲ党務委

309

~~5~~

員ニ任命スルニ至リ、愈々遼寧省ニ党部ヲ設立スルノ機ガ熟シタ。三月初旬呉鉄城先ヅ東北ニ入リ同二十一日張継ノ奉天ニ至ルヲ待ツテ、終ニ二十六日張継監督、呉鉄城指導ノ下ニ中国々民党遼寧省党部ガ組織サレタ。続イテ四月二日ニ吉林省党部、四月六日ニ哈爾濱特別市党部設立セラレ、四月八日ニハ黒竜江省党部ガ設立セラレタ。

ソノ陣容ヲ示セバ左ノ如クデアル。

吉林省党部

主席　張作相

委員　韓介生　熙洽　石九齢　林常盛　陣上瀛　顧耕野

（吉林省ニハ此ノ外、長春、延吉、依蘭、ニ市党部指導委員會ガ設立セラレタ）

哈爾濱特別市党部

310

主席　張景恵

委員　徐箴　臧啓芳　周天放　鄒尚文

黒竜江省党部

主席　万福麟

委員　王憲章　王秉鈞　呂醒夫　呉煥章　楊孟周　潘景武

熱河省党部

主席　湯玉麟

委員　李元箸　于明洲　譚文彬　張驥濤　卞宗孟

蓋允恭

斯シテ国民党数年来ノ懸案デアルトコロノ東北党部ハ滞ホリナク出来上ツタ。此ノ四省党部ト一特別市党部ハ夫々組織部、訓練部、宣傳部ヲ有シ、直チニ党員獲得運動ヲ開始シ組織ノ擴

311

大ヲ謀ツタ。

党トシテノ一般工作トシテハ識字運動、造林運動、自治運動、道路運動、衛生運動、国貨運動、保用運動ヲ開始シタ。

呉鉄城、張継ノ最初ノ計画ハ省党部ヲ建設シ次デ特別市、縣、市ノ順序ニ組織シ主トシテ党部ノ基礎ヲ東北ノ智識階級ニ求メ之ガ三民主義化ニ依ツテ中央ノ勢力ヲ東北ニ扶植シヤウトシタ呉鉄城、張継ノ此ノ窺ヒ方ハ東北ノ実状ニ適應セル照射ト云フベク殊ニ東北政権内ニ於ケル現任官吏ノ中幹部級ノインテリヲ狙フニ至ツテハ遠謀深慮包蔵サレルコトヲ思ハシメルニ足ル。

中国々民党ハイデオロギートシテ三民主義ヲ持チ、組織ト戦術ヲロシア共産党ニ学ビ、新中国ノ建設ト不平等条約ノ撤廃ヲソノスローガンニ有チ日露両国ニ夾攻セラル、東北民衆ニハウツテツケノアピールヲ為スモノデアルガ、呉鉄城ハ三月十

312

一日遼寧外交協會ニ於ケル演説ニ於テ
「東北ハ中国ノ国防、経済上ノ要点デアル。東北ニ至ラザレバ中国ノ大ナルヲ知ラズ、東北ニ来ラザレバ中国ノ危機ヲ知ラズ、南ニ白色日本帝国主義アリ、北ニ赤色ソヴエート帝国主義ノ侵略アリ東北ハ如何ニシテ救済サル、カ？（中略）東北自由ナラザレバ中国ニ独立ノ日ナシ、希クハ諸君ト共ニ東北民衆ヲ喚起シテ努力奮闘セン」ト言ツテイル。

313

三、党部ノ及ホス東北ノ変化

東北各級党部ハソノ組織系統上南京中央党部ノ統制ヲ受ケル而カモ原則トシテ党ハ政府ノ上ニアリ、政府ノ行政ヲ監督指導スル地位ニ在ル。南京政府ハコノ原則ニ従ツテ党部ノ跋扈ヲ未サシメ、終ニソノ非ヲ覚ツテ下級党部取締法ヲ通過シテ党部ノ勢力ヲ押ヘタ。此ノ苦イ経験ハ蒋介石ニ好イ武器ヲ与ヘタ。東北ニ自己ノ独裁スル党部ヲ設置スルコトニ依ツテ東北政権ヲ脅ヤカシ得ルト。シカシ此ノ間ノカラクリヲ察知セル東北ノ為政者ハ東北党部ノ枢要ナル地位ニ自ラノ腹心ヲ据エルコトヲ怠ラナカツタ。東北ハ南京ニ対スル手前上党部ヲ設立スルコトヲ承認ハシタモノヽ、自己ノ把握スル党部タラシメルコトニ失敗シナカツタ。其処デ南京党部カ手ヲ付ケタモノカ遼寧外交協会デアリ、東北人民團体ノ組織問題デアル。遼寧外交協会ハ純然タ

314

~~10~~

ル民衆団体テアル。今ヤ之ハ南京中央党部ノ傀儡トナッタ。今回ノ日支鉄道交渉ニ関シテモ鉄道交渉ヲ中央政府ニ移管スヘシト主張シタノハ遼寧外交協会テアッタ。

中国々民党ハ三民主義ノ教化ニ依ッテ民衆ヲ興起セシメル。ソノ指導原理ハ国家意識ノ覚醒ニアル。對外的不平等條約ノ廃除ハソノ第一義的眼目テアル。

三民主義ニ依リテ教化セラレタル東北民衆ノ日露ニ對スル被壓迫感ト憎悪ハ散漫ナル自然発生的アジア的狀態ヨリ組織化サレ統制付ケラレテ戰術サヘ授ケラレテ行クコトカ豫想サレル。

東北ノ国民党化ニ依リテ日露両国ニ對スル滿蒙ニ於ケル事端ハ益々繁クナル。一封建勢力トシテ微力ナル東北政権ハ日露両国ニ對抗スル為ニ此ノ三民主義ニ依リテ踊ル民衆ノ力ヲ利用セントスル。然シ民衆勢力ノ興起ハ封建的独裁制ヲ永ク維持スル

315

315

~~11~~

モノテナイコトヲ知ルニ及ンテ東北政務ノ要路者ニ憾ミカ生スル。

316

四、東北民衆トソノ思想運動ノ将来

日露両国ノ勢力ノ間ニ介在シ封建性ノ桎梏下ニ呻吟スル東北民衆コソハ将来ニ於ケル思想運動ノ沃野テアル。

第一中国々民党ハ此ノ沃野ニ三民主義ノ種ヲ降ロサントスル。党部成立ノ初期ニ於ケル東北国民党ハ当分南京中央党部ノ指令ノ下ニ動クテアラウ。

然シ国民党ニモ派別カアル。

中央幹部派（蒋介石）改組派、（汪精衛派）西山會議派（許崇智、居正派）、廣東派（古應芬、鄧沢如派）、第三党（中国国民党臨時行動委員會－鄧演達一派）等々。中国国民党ノ之等ノ派別ニ對シテ東北党部ノ将来ニフラクシヨンカ起リハシマイカ？當然起リ得ル疑問テアルカ、問題ハ将来ニ残ル

第二中国国民党ト断然對立スルモノニ中国共産党カアル。之カ

317

317

~~48~~

満洲ニ於ケル代表機関ハ中国共産党満洲省委テアル。ソノ活動ハ潜行的テアル限リ、満洲ニ於ケル農村、都市ノ社會狀勢ニ矛盾カ包蔵サレル限リ本運動ハ絶ユルコトカナイテアラウ。然ノミナラス南方ニ於ケル国民党ノ白色彈壓ニヨツテ共産党ハ北ヘ北ヘトソノ活路ヲ開イテ行タ。

第三、国家主義派中国青年党ハ中国ニ於ケルフアシズムヲ行ナハントシ、一九三〇年春頃ヨリ急激ナル発展過程ヲタトツテ来タ。今ヤ平津地方ヲソノ根拠トシテ秘密工作ヲ続ケ東北政権ノ内部ヘハ勿論、南京政府ノ内部ニモソノ党員ヲ有スルニ至ツタ。満洲ニ於テハ奉天カソノ活動ノ中心地テアル。一般ニ思想的ニ保守的ナル東北為政者流カ、主義的政党ヲ持ツトスルナラハ、国家主義派中国青年党ハマコトニ恰好ナル團体テアル。此ノ故ニ若シ東北ニ於ケル中国々民党カ余リニ南京

318

318

14

政權ニ忠実ニシテ東北政權ヲ脅ヤカスニ於テハ中国青年党ハ何時ナリトモ東北ノ為ニ動員セラレントスル情勢ニ在ル。

（執筆者　戸倉）

318

奉天商工会议所关于辽宁兵工厂为支援关内开始夜间生产的情报（一九三一年七月二十日）

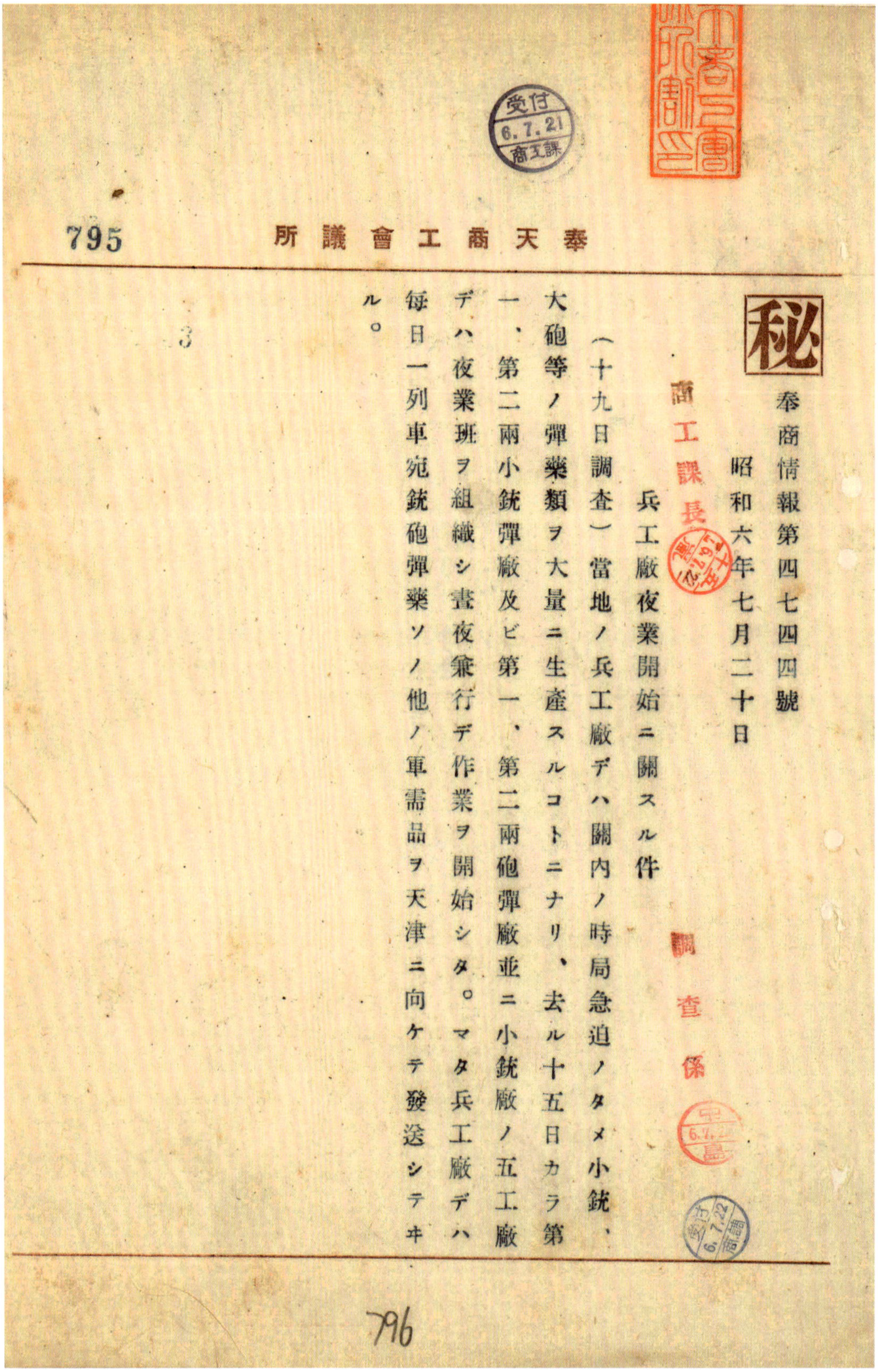
受付
6.7.21
商工課

795　奉天商工會議所

秘

奉商情報第四七四四號

昭和六年七月二十日

商工課長

調査係

兵工廠夜業開始ニ關スル件

（十九日調査）當地ノ兵工廠デハ關內ノ時局急迫ノタメ小銃、大砲等ノ彈藥類ヲ大量ニ生產スルコトニナリ、去ル十五日カラ第一、第二兩小銃彈廠及ビ第一、第二兩砲彈廠並ニ小銃廠ノ五工廠デハ夜業班ヲ組織シ晝夜兼行デ作業ヲ開始シタ。マタ兵工廠デハ每日一列車宛銃砲彈藥ソノ他ノ軍需品ヲ天津ニ向ケテ發送シテヰル。

3

796

奉天商工会议所关于奉军将哑弹送还辽宁兵工厂的情报（一九三一年七月三十日）

受付 6.7.31 商工課

奉天商工會議所　833

秘

奉商情報第四七九四號

昭和六年七月三十日

奉軍ノ不發彈送還ニ關スル件

（廿九日調査）遼寧兵工廠デハ從來貯藏シテヰタ大砲、小銃ノ彈藥數萬箱ニ達シテヲリ、内五千箱ヲ今回對石友三戰ニ使用スルタメ發送シタトコロ、右彈藥ハ全部不發彈デ使用ニ堪ヘヌノデ送還シ來リ、兵工廠デハ更メテ彈藥類ノ製造ニ全力ヲ盡スコトニナツタガ、該不發彈ハ倉庫保管中ニ濕氣ヲ受ケタモノダト謂ハレテヰルガ、倉庫ハ時々檢査ヲ行ツテヰルノデアルカラ、ソノ責任問題ニツイテ一悶着ヲ免レマイト謂ハレテヰル。

834

满铁商工课调查系所整理的《近来日满贸易趋势》（一九三一年七月）

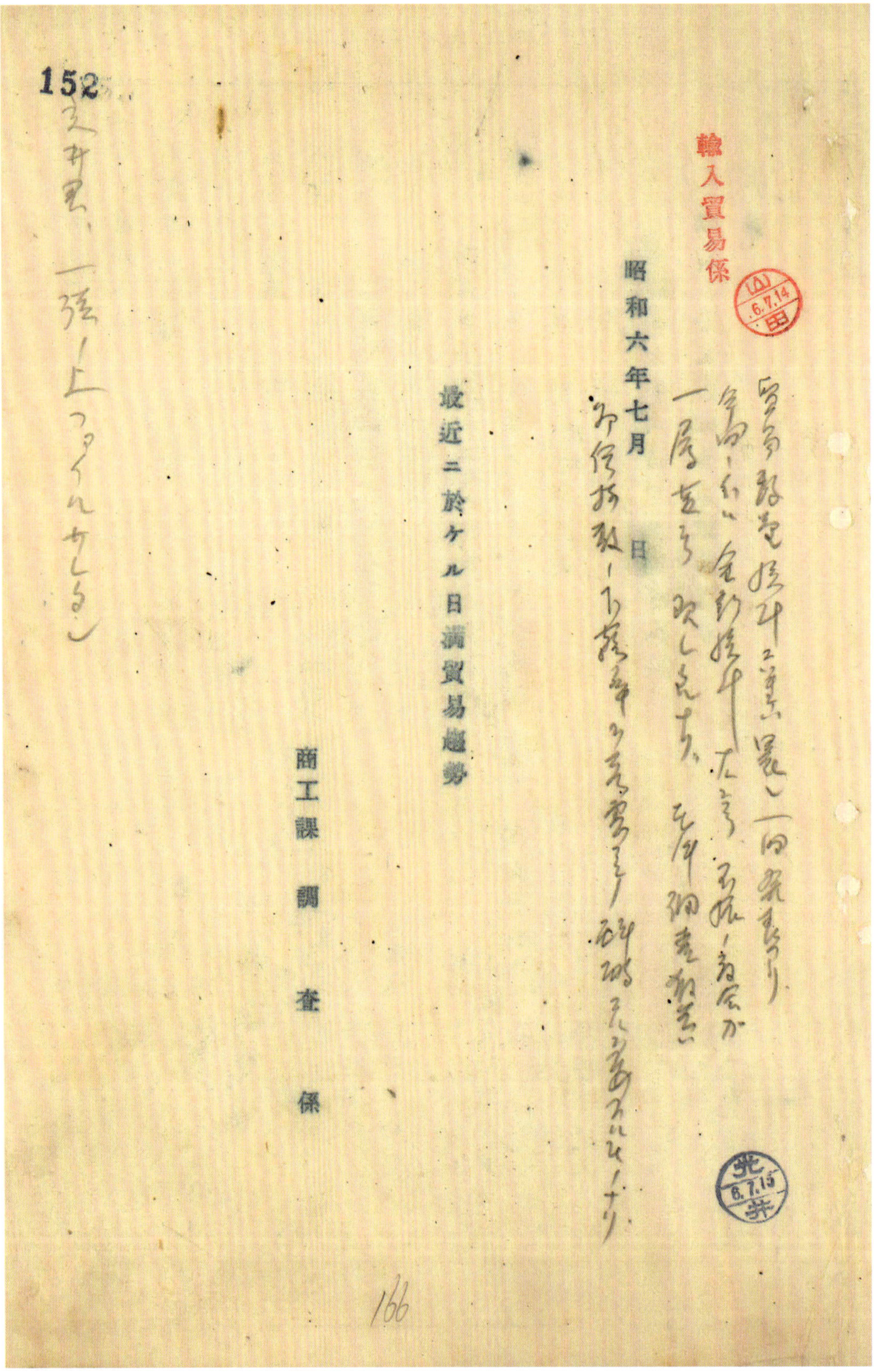

152

輸入貿易係

昭和六年七月　日

最近ニ於ケル日満貿易趨勢

商工課調査係

166

153

藤田商工課員

167

一、緒言

最近三ヶ年ニ於ケル全満洲ノ総貿易額中日、満貿易額ノ割合ヲ観ルニ

次表ニ示ス如ク三五%乃至四一%ニ當リ満洲ノ貿易相手国中其ノ首位

ヲ占ムル点ヨリミレハ全満貿易ノ発展上日、満貿易カ如何ニ重要ノ地

位ヲ占メ且ツ密接不離ノ関係ニアルカヲ知リ得ヘシ（單位圓）

年次	全満貿易総額	日満貿易額	割合
昭和三年	一二二五九六七二一	四二九七四〇三七五	三五%
四年	一〇九四一〇二七四	四〇六四七〇三七〇	三七%
五年	六八四二三四二二八	二七八六九九九三二	四一%

備考

　全満貿易額ハ北支那貿易年報ニ拠ル

　日、満貿易額ハ大藏省貿易月表ニ拠ル

今昭和五年中ノ日、満貿易額ヲ前年ト比較セハ一億二千七百余万圓

（三一%）ノ大減退ヲ表セリ、右ハ主トシテ昨年来ノ世界的財界不況

藏銀惨落等ノ共通的原因ト中国ニ於ケル関税引上並日本ノ金解禁等ノ

2

如キ特殊事情ニ因ルモノニシテ全満総貿易額カ前年ニ比シ四億余万円（三七%）トイフ莫大ナル減少ヲ来スニ至レル主要原因ナリ

斯ノ如ク昭和五年中ニ於ケル日、満貿易ノ著シキ減退状況ニ付之ヲ前年ト比較検討スルコトハ頗ル緊要ト思料セラル、依ツテ之カ推移ヲ最近ノ貿易実数ニ付夫々比較対照シ其ノ概況ヲ述フルコトトセリ而シテ本数字ハ主トシテ大蔵省貿易月表ニ拠レリ

三、最近ノ全満洲対日本貿易趨勢

日、満貿易ハ年々累進的発達ヲナシ昭和三年ニ於テ三億九千余万円、同四年ニハ遂ニ四億円ヲ突破シ従来ノ最高額ヲ示セルモ昭和五年ハ前述ノ如ク主トシテ世界的共通原因特ニ銀安ニ基ク購買力ノ減退、金融機関ノ逼迫、物価下落等ノ悪材料相亜キ之等カ貿易上ニ及ホセル打撃ハ甚大ニシテ漸ク二億七千余万円ヲ挙ケシニ過キス結局前年ニ比シ一億二千余万円（三一%）ノ激減ヲミルニ至レリ

今以上ノ減退状況ヲ輸出及輸入別ニ表示セハ次ノ如シ（単位円）

169

1256

8

年別	輸出（日本ヘ）	輸入（満洲ヘ）	計
昭和四年	二一六八九六〇一二	一八九二五一四三八	四〇六一四七四五〇
〃 五年	一六六〇七七八二	一一一三八九五九〇	二七八九九一三七二
増減	(-) 五〇二九六二五〇	(-) 七七八六一八四八	(-) 一二六一五五〇七九
増減率	(-) 二三%	(-) 四一%	(-) 三一%

即チ昭和五年ノ減退ハ輸出ニ於テ二三%、輸入ニ於テ四一%ニシテ輸入減率ノ特ニ甚タシカリシ点ヨリ観レハ満洲各地ニ於ケル不況状態カ日本ノソレニ比シ一層深刻ナル情勢ニアリシモノト思ハル

尚更ニ両年ノ輸出入割合ヲ比較セハ

年別	輸出（日本ヘ）	輸入（満洲ヘ）	計
昭和四年	五三	四七	一〇〇
〃 五年	六〇	四〇	一〇〇

トナリ輸入割合ニ於テ七%ノ減退ヲ見タルハヤハリ満洲ノ不況状態ヲ如実ニ物語ルモノト思ハル

157

4

以下項ヲ分チ日本内地ニ對スル輸出貿易並輸入貿易ノ概況ヲ記サントス

(1) 昭和五年ニ於ケル輸出状況

昭和五年中ノ輸出貿易額ハ一億六千六百余万円ニシテ前年ノ二億一千六百余万円ニ比シ五千余万円即チ二三%ノ萎縮振ナリ

イ、品別状況

今昭和四年ノ輸出額ヲ基準トシ五百万円以上、百万円以上、百万円未満及再輸出品ノ四種ニ分チ夫々昭和五年ト比較検討シ其ノ趨勢ヲミルコトトセン

先ツ五百万円以上ノ重要品ニ付両年ノ輸出額ヲ對照シ増減率ヲ示セハ（單位円）

品名	昭和四年	〃五年	増減率
豆粕	六四六〇九六七七	五七六六八二五八	(－)一一%
大豆	六〇〇八三一〇四	三六六一八七八五	(－)三九%
石炭	二六六六九五七九	二二〇二三六九〇	(－)一七%

171

其他穀物及種子	二〇三五七三六一	一〇九五三五一五	(十)四六%
其ノ他豆類	一〇六二三一八四	七九五七八五四	(十)二五%
銑鉄	九二一八九九二	七四一〇七二六	(十)二〇%
計	一九七四四〇七九七	一四二六五三六二八	(十)二六%

即チ之等ノ重要品ハ悉ク減退ヲ示シ就中滿洲ノ輸出大宗タル大豆ニ於テ三九％其ノ他穀物、種子ニ於テ四六％トイフ大減退ヲ來セリ更ニ之ヲ前年ニ比シ減少價額ノ最大ナルモノヨリ順次排列セハ次表ノ如シ（單位円）

品名	減退價額	割合
大豆	(十)二三四六四五一九	(一)四八%
其他穀物及種子	(十)九二八四九四六	(一)一九%
豆粕	(十)六九四一四一九	(一)一四%
石炭	(十)四六四三八八九	(十)一〇%
其ノ他豆類	(十)二六六三五五〇	(十)五%
銑鉄	(十)一八〇八二六六	(十)四%

計	(一)四八、八〇七、一六九	(一)一〇〇%

之ニ由ツテ見レハ大豆ノ減退額カ其ノ首位ヲ占メ減退総額ノ約半数ニ當リ第二位カ其他ノ穀物及種子、第三位カ豆粕ノ順序ニシテ之等三品ノ合計ハ約四千万円ニ上リ重要品減少額四千八百余万円ノ八一%ヲ占メル状態ナリ

次ニ百万円以上五百万円未満ノ各品ニ付其ノ消長ヲ見ルニ多少前年ニ比シ増加セルモノモアリ左ニ之等ノ貿易額ヲ挙ケ増減率ヲ算出セハ（単位円）

品名	昭和四年	〃五年	増減率
飲食物及煙草（食塩ヲ除ク）	四、七四三、七四一	四、九七三、〇七二	＋五%
繊	四、五一九、六一〇	三、〇四四、五二七	(一)三三%
礦物及同製品（石炭ヲ除ク）	四、二〇七、一二七	三、五四八、〇三一	(一)一四%
食塩	一、六四七、五八九	一、八二三、八二九	＋一一%
薬品及薬材	一、六四三、二四三	一、〇三八、九四三	(一)三七%
其他鑛及金属（製品ヲ除ク）	一、二二三、〇九三	一、一七八、四〇一	(一)四%
計	一七、八八六、四〇二	一五、六〇八、八〇三	(一)一三%

160

即チ増加セルモノハ食塩（一一%）ト飲食物及煙草（一五%）ノ二類ニシテ他ハ何レモ減退シ就中薬品類ト麩トハ最モ甚タシク前年ノ三割以上ニ及ヘリ従ツテ多少ノ増加アレトモ減退額ノ大ナルニ及ハス結局百万円以上五百万円未満ノ輸出品ニ於テモ前記重要品同様ノ減少ヲ見ルニ至レリ今其ノ減少価額ヲ品種別ニ對照セハ次ノ如シ

品名	減退價額	割合
麩	(-)一一、四七五、〇八三	(-)五五%
薬品及薬材	(-)四、五六三、〇〇〇	(-)二二%
鑛物及同製品	(-)四、三五〇、九九六	(-)二一%
其ノ他鑛物金屬	(-)四八六、九九一	(-)二%
計	(-)二〇、六八六、一七〇	(-)一〇〇%

即チ百以上五百万円未満ノ品種中ニ於テ減退セル総額ハ二〇、六八六、一七〇円ニシテ其ノ中ノ五五%即チ千百四十七万余円ハ麩ノ減退額ニ當ル

尚増加價額ニ付之ヲ品種別ニ計上セハ（單位円）

174

161

8

品名	増加價格	割合
飲食物及煙草	+二三二二三一	+五七%
食塩	+一七六三四〇	+四三%
計	+四〇八五七一	+一〇〇%

即チ之等二種ノ増加ハ四〇八五七一円ニ上ルモ一方ニ於テ二六八六一七〇円ノ減少ヲ生セシ為結局二七七五九九円ノ激減トナレリ

次ニ百萬円未満ノ雑貨及再輸出品ニ就テミレハ次表ノ如ク百万円未満ノモノニ於テ一五%ノ増加ヲ示シ再輸出品ニ於テ二一%ヲ減少セリ（単位円）

年別	百万円未満	再輸出品
昭和四年	六六五四一五三	九一四六六〇
〃五年	七六三六三〇〇	七二四一五一
増減	+九七八〇四七	(-)一九〇五〇九
増減率	+一五%	(-)二一%

175

162

以上ニヨリ大体昭和五年中ニ於ケル輸出貿易ノ比較検討ヲ終レルカ尚以上述ヘ来リシ四種別ニ付統括的ニ其ノ減退状況ヲ示セハ（單位円）

種別	減退價格	割合
五百万円以上	(一)四八八〇七一六九	(一)九三二.%
百万円〃	(一)三二七七五九九	(一)六
再輸出品	(一)一九〇五〇九	(一)〇.四
計	(一)五二二七五二七七	(一)100

卽チ前年ニ比シ輸出貿易ノ減退額ハ五千余万円ニ上リ其ノ内ノ四千八百余万円（九三%）カ年額五百万円以上ノ主要品ノ減退額ニ該當スル点ヨリ観テ昭和五年中ノ輸出貿易ノ激減ハ全ク重要特産物豆類、穀物及種子、豆粕、石炭、銑鉄等ノ衰退ニ因ルモノナリ

四、仕向港別状況

次ニ仕向状況ニ付其ノ趨勢ヲミルニ先ツ昭和四年ニ於テ年額五百万

176

163

~~10.~~

円以上ニ上ル主要港九港ニ付両年ノ輸出額並其ノ増減率ヲ示セハ次表ノ如シ（單位円）

仕向地	昭和四年	〃五年	増減率
横濱	五四七二三五九九	三八八三四七三〇	(−)二九%
神戸	三六八五四〇七七	三〇二八六一九一	(−)一八%
大阪	二〇一八〇三九五	一七二二四七五八	(−)一五%
若松	一三〇六七八四〇	八九一九九一三	(−)三二%
名古屋	一二一一五六六五	九〇三八七三一	(−)二五%
武豊	九一三七三九四	五三一三七七九	(−)四二%
新潟	八二四七六五四	七六四六七四三	(−)七%
門司	八〇二三三七三	七二八五六八九	(−)九%
四日市	五八〇四六八六	四五四六四三三	(−)二二%
其他	四八七七五三三三	三七五〇〇八一一	(−)二三%
計	二一六八九九〇一三	一六六〇三七八三	(−)二三%

177

164

~~11~~

卽チ何レモ前年ニ比シ非常ノ減少ヲ示セリ
今其ノ減退率ニ就テミルニ武豊ト若松トカ最モ甚タシク門司ト新潟トカ最少テアル次ニ両年ノ仕向順位ヲ對照セハ

昭和四年 順位	昭和四年 仕向港	昭和五年 順位	昭和五年 仕向港
1	横濱	1	横濱
2	神戸	2	神戸
3	大阪	3	大阪
4	若松	4	名古屋
5	名古屋	5	若松
6	武豊	6	新潟
7	新潟	7	門司
8	門司	8	武豊
9	四日市	9	四日市

178

16p

12

更ニ減退額ノ大ナルモノヨリ順次排列シ其ノ減退割合ヲ示セハ（單位円）

仕向地	減退額	割合
横濱	(－)一五、八八四、八六九	(－)三九%
神戸	(－)六、五四七、八八六	(－)一三%
若松	(－)四、一四七、九二五	(－)八%
武豊	(－)三、八二一、五一五	(－)八%
名古屋	(－)三、〇七四、三一二	(－)六%
大阪	(－)二、九五五、五五五	(－)六%
四日市	(－)一、二五八、二五一	(－)三%
門司	(－)七三六、五八四	(－)一%
新潟	(－)五九四、九一一	(－)一%
其他	(－)一一、二七四、四二二	(－)二二%
計	(－)五〇、二九六、二三〇	(－)一〇〇%

179

166

~~13~~

即チ上記ノ如ク横濱、神戸ノ減退最モ著シク両港ノミニテモ ~~一千四百二十三~~ 二千二百余万円ニ上リ全減退額 ~~三四~~ 五千余万円ノ約四五%ニ當ル、之ニ若松、武豊、名古屋、大阪ノ四港ヲ加フレハ、主要六港ノ減少額割合ハ七二%以上トナリ之等主要港ノ輸入不振カ遂ニ前述ノ如キ多額ノ減退ヲ来スニ至レル原因ナリ

八、最近三ケ月ノ輸出状況（自一月至三月）

然ラハ最近（即チ昭和六年）ニ於ケル輸出貿易ハ如何ナル趨勢ヲタトリツツアルカヲ檢討スルニ前年同様益々萎微不振ヲ極メツツアルコトハ次ノ比較表ニ依ツテモ察知シ得ヘシ（單位円）

種別	一月	二月	三月	計
昭和五年	二〇三〇三五九八	二〇八一三六六八	二五四八八四八二	六六三〇三一四八
〃 六年	一〇八八九八二〇	一二一八八七一六	一五一九四八六二	三八二七三三九八
増減	(－)九五一三七七八	(－)八六三三九五二	(－)一〇二九三六二〇	(－)二八三三〇三五〇
増減率	(－)四六%	(－)四一%	(－)四〇%	(－)四二%

180

2

即チ最近ニ於ケル減退率ハ遂ニ前年ノ四割以上ニ上リ昭和五年中ノ輸出減退率二三%ニ對シ倍加スルニ至レリ全ク日本向輸出貿易ハ未曾有ノ不振狀態ニ陥リタリ、

而シテ之カ好轉ハ一ツニ經濟界並銀價ノ恢復ニカカリ急ニハ困難ト思考セラル

以上三ケ月ニ亘ル重要輸出品ニ付前年同期ト比較對照セハ次表ノ如ク一層此ノ間ノ實情ヲ明カニスルヲ得ヘシ（單位円）

2-1

最近三ケ月ノ重要輸出品比較（自一月至三月）

年別	豆粕	大豆	石炭	穀物、種子粉類	其他豆類	銑鉄	麩	計
昭和五年	二六六六二七八三	一六〇〇九七六八	七〇三六八五一	五〇六一二九一	二九六〇〇四三	二四四九五七七	一九四七八一七	六二一二八一三〇
〃六年	一一五二一六四三	八〇八九三六五	五七三二五五六	二八六三四〇八	二〇三四四六一	二二九一八三八	六三〇二九〇	三三一六三五六一
増減	(－)一五一四一一四〇	(－)七九二〇四〇三	(－)一三〇四二九五	(－)二一九七八八三	(－)九二五五八二	(－)一五七七三九	(－)一三一七五二七	(－)二八九六四五六九
増減率	(－)五七%	(－)四九%	(－)一九%	(－)四三%	(－)三一%	(－)六%	六八%	(－)四七%

181

(2) 昭和五年中ニ於ケル輸入狀況

昭和五年ニ於ケル輸入貿易額ハ一二二、三八九、五九〇円ニシテ前年ノ一八九、二四八、四三八円ニ比シ六六、八五八、八四八円即チ三五%トイフ著シキ減退ヲ示セリ、之ヲ輸出貿易ノ減退率二三%ニ比較セハ滿洲ニ於ケル不況ノ実情如何ニ深刻ナリシカヲ想像シ得ヘシ

以下之等ノ概況ニ付品別並ニ出港別ニヨリ順次其ノ大要ヲ記サントス

イ、品別狀況

先ツ輸出貿易ト同様前年ノ輸出額ヲ基準トシ五〇〇万円以上ノ重要品ニ付之ヲ檢討セハ（單位円）

品別	昭和四年	五年	增減率
綿織物	五、六八八、五五九	三、一〇五、六八七	(一)四五%
小麦粉	一、五九一、六七二	四〇六、一三〇	(一)七五%
車輛及船舶	七、一三六、七九一	三、七二八、六五九	(一)四八%
精糖及水砂糖	六、九七五、一九四	三、六八九、八二四	(一)四七%

品別	昭和四年	五年	増減率
布帛及同製品	六、八八四、三六五	三、七七〇、六二三	(一)四五%
衣類及同附屬品	六、八四〇、四四二	三、八九〇、六二九	(一)四三%
機械及同部分品	六、〇八六、〇六五	五、一五七、五一五	(一)一五%
計	一〇六、七二七、四八八	五五、四〇三、〇六七	(一)四八%

即チ之等重要品ニ就テ見ルニ何レモ驚クヘキ減退ニテ本表中最モ減少少カリシ機械及同部分品ヲ除イテハ他ハ悉ク四〇%以上ヲ減シ合計ニ於テ四八%トイフ激減振輸出重要品ノ減退率二五%ニ比較セハ約二倍ニ當ル

次ニ減退率ノ順序ニ配列セハ

品別	減退率	順位
小麦粉	(一)七五%	一
車輛及船舶	(一)四八%	二
精糖及氷砂糖	(一)四七%	三

品別	減退率	順位
綿織物	(一)四五%	四
布帛及同製品	(一)四五%	五
衣類及同附属品	(一)四三%	六
機械及同部分品	(一)一五%	七
計	(一)四八%	

即チ前年ニ比シ減退率ノ最モ甚シカリシハ小麦粉ニシテ次カ車輛及船舶テアリ第三位カ砂糖テアル

尚次ニ減退價額ヲ主トシ其ノ大ナルモノヨリ順次列挙シテ最モ大ナル影響ヲ与ヘシ重要品ハ何テアルヤヲ示セハ次表ノ如シ（單位円）

品別	減退額	割合
綿織物	(一)二五七七七八七二	(一)五〇%
小麦粉	(一)一一八五九〇四二	(一)二三%
車輛及船舶	(一)三四二八一三二	(一)七%

品別	減退額	割合
糖及氷砂糖	(一)三二八五五七〇	(一)六%
布帛及同製品	(一)三一一三六四五	(一)六%
衣類及同附屬品	(一)三九四九八一五	(一)六%
機械及同部分品	(一)九一〇五五〇	(一)二%
計	(一)五七五五四四二一	(一)100%

上表ノ如ク減退額ノ首位ハヤハリ輸出品ノ大豆ニ於ケルト同様輸入大宗タル綿織物テアツテ之ノミニテモ既ニ重要品減退額ノ五〇%ニ當レリ綿織物カ斯ノ如キ減退ヲ來シタル所以ハヤハリ銀安特産物ノ價格下落ニヨル滿洲農家ノ購買力減退並中国関税引上等ノ影響ニヨルモノニシテ日本ヨリノ輸入ハ高級品ノ加工綿布ヲ主トスル為メ之ニ對スル影響カ大ナリシモノト思ハル尚最近中国ニ於ケル之等ノ工業ノ発達著シク生綿布ノ如キハ漸次日本品ヨリ中国品ニ移リツツアル狀態ニシテ之等〻ニ就テハ相當注意ヲ要スヘキ点ト思ハル。

185

次ニ小麦粉ノ二三%ノ減カ第二位テアツテ之ヲ加フレハ三千七百余万円ニ上リ主要品減退総額ノ七三%ニ當レリ

尚更ニ両年貿易額ノ割合ニヨル順位ヲ比較スレハ

順位	昭和四年	〃五年
一	綿織物	綿織物
二	小麦粉	機械及同部分品
三	車輛及船舶	小麦粉
四	精糖及氷砂糖	衣類及同附屬品
五	布帛及同製品	布帛及同製品
六	衣類及同附屬品	車輛及船舶
七	機械及同部分品	精糖及氷砂糖

第一位ノ綿織物ト第五位ノ布帛及同製品トハ変リナク前年第七位ノ機械及同部分品ハ一躍第二位ニ上レルハ著シキ変化ト思ハル。而シテ前年六位ノ衣類及同附屬品ハ第四位ニ上リ小麦粉、車輛及船舶、砂糖等ノ第三位、第六位、第七位ヘト何レモ下落セリ。

186

以上ノ如ク昭和五年中ノ主要品輸入狀態ハ極メテ不振ニ終レリ。

然ラハ年額百万円以上五百万円未滿（昭和四年基準）ノ輸入品ハ如何ナル推移ヲ辿レルカヲ觀ルニ此ノ間ニハ鉄及其他金屬製品ノ如キ前年ニ比シ寧ロ增加セルモノモアル其他ハ凡テ前述ノ重要品ト同樣激減ニテ結局二七％ノ減退ヲ示スニ至レリ。

先ツ十九種別中減少セル十七種ニ付兩年ノ貿易額ヲ對照セハ

（單位円）

品別	昭和四年	〃五年	減率
紙類	四、四五一、三四六	二、〇八八、九三四	(−)五三%
絹織物	三、七六八、〇〇八	九四七、五七五	(−)七五%
鉄製品	三、五九三、七一五	二、五九三、四三九	(−)二八%
其他飲食物及煙草	三、四九三、〇九八	二、五二〇、四〇五	(−)二八%
蔬菜及果実	三、二三二、一一三	二、三四六、四二六	(−)二七%
綿織糸	三、〇八七、三八三	一、五二七、五八〇	(−)五一%
其他紙製品	三、〇三六、九〇二	二、〇八八、〇五五	(−)三一%
藥品及藥材	一、九八〇、七六三	八九八、五七三	(−)二〇%

174
~~21~~

木材	二、七二二、二四〇	八九八、五七三	(一)六七%
水産物	二、二四一、五九五	一、七二六、三四七	(一)二三%
其他糸纏及材料	二、〇三一、三八二	一、三五五、七七八	(一)三三%
学術器	一、九五九、三二六	一、七三九、二三〇	(一)一一%
陶磁器	一、八二〇、二五一	九一四、九一四	(一)五〇%
銅	一、六九一、一三九	一、六八四、八七〇	(一)〇、四%
絶縁電線	一、六八七、三〇二	三八〇、九三三	(一)七七%
清酒	一、六三三、一六八	一、五四九、三九七	(一)五%
麦酒	一、三四〇、四三三	一、二一五、四五二	(一)九%
計	四四、一一二、一八六	二七、九七八、四一三	(一)三八%

之ニ依レハ絶縁電線ノ減退七七%ヲ最高トシ次カ絹織物ノ七五%減テアツル

三番目ノ木材六七%減等カ主ナルモノテ外ニ五〇%以上ヲ減シタル
モノニ紙類、綿織糸、陶磁器等カアル

更ニ之ヲ減退額順ニ並ヘ其ノ割合ヲ求ムレハ次ノ如シ（單位円）

188

品別	減退額	割合
絹織物	(一)二、八二〇、四三三	(一)一七%
紙類	(一)二、三六二、四一二	(一)一四%
木材	(一)一、八二三、六六七	(一)一一%
綿織糸	(一)一、五五九、八〇三	(一)九%
絶緣電線	(一)一、三〇六、三六九	(一)八%
鐵製品	(一)一、〇〇一、二八六	(一)六%
其他飲食物及煙草	(一)九七四、六九三	(一)六%
其他紙製品	(一)九四八、八四七	(一)六%
陶磁器	(一)九〇五、三一七	(一)五%
蔬菜及果實	(一)八八五、七〇七	(一)五%
其他糸纖及材料	(一)六七五、五八六	(一)四%
藥品及藥劑	(一)五八〇、二一一	(一)三%
水産物	(一)五一五、二四八	(一)三%

176

~~23~~

品別		
學術品	(一)二二〇、〇九六	(一)一%
麥酒	(一)一二五〇〇一	(一)一%
清酒	(一)八二、七七一	(一)一%
銅	(一)六、二六九	—
計	(一)一六、七九三、七一三	一〇〇

即チ絹織物ヲ第一トシ紙類、木材、綿織糸ノ順序ニシテ以上四種ノ割合ハ合計減額一千六百餘萬圓ノ五一%ニ當レリ

以上ハ前年ニ比シ減退セルモノノ狀況テアルカ次ニ増加セルモノヲ擧クレハ（單位圓）

品別	昭和四年	昭和五年	増加率
鐵	二、八五八、六三七	五、八六四、一八五	(十)一〇五%
其他金屬製品	一、三九九、一五三	一、九三七、八八七	(十)三九%
計	四、二五七、七九〇	七、八〇二、〇七二	(十)八三%

190

右ノ如ク増加セルモノハ二種類ニシテ就中鐵ハ前年ノ一倍以上ノ驚異的増加ヲ示セリ、斯クノ如ク鐵材著シキ増加ヲ來シタル原因ハ從來滿洲ノ輸入品ハ主トシテ大陸品ニシテ精巧品ニ限リ米國品ヲ輸入シツツアリ且日本製鐵所鋼材ハ外國品ノ日本輸入相場（輸入税ヲ含ム）ト同價額トセル爲即一〇〇斤當輸入税一圓一〇錢ヲ加ヘタルモノヲ日本品ノ値段トシテ販賣セル關係上之ヲ大連ニ輸入スルモノトセハ外國品ノ無税ニ對シ結局輸入税タケ高價トナルニ付勢日本品ノ輸入ハ少カリシ模樣ナリ、然ルニ昭和五年ニ入リ日本製鐵所モ此ノ方針ヲ改メ從來ノ税金ヲ價額ヨリ除クコトトセル結果外國品ト同價額トナレルニ付外品ニ代ル日本品ノ輸入増加スルニ至レルモノノ如シ、尚之等ノ鋼材ハ主ニ建築材料ナリ

其他一〇〇萬圓未滿ノモノ及再輸入品ヲ擧クレハ前者ハ前年ニ比シ五％ヲ減シ後者ハ一一％ヲ減セル等大部分ニ於テハ非常ノ減退ニテ結局昭和五年ニ於ケル日本內地ヨリノ輸入貿易ハ前述ノ如ク三五％トイフ激減ヲ以テ終レリ（單位圓）

178

~~25~~

年別	一〇〇萬圓未滿	再輸入品
昭和四年	二三、二八八、五〇九	一〇、二〇三、四六五
〃五年	二二、一一一、一三五	九、〇九四、八四三
增減	(一)一、一七七、三七四	(一)一、一〇七、六二二
增減率	(一)五%	(一)一一%

ロ、仕出港別狀況

次ニ仕出港別ニ依ル輸入狀況ヲ觀ルニ先ツ昭和四年ニ於テ年額一〇〇萬圓以上ニ上ル主ナル仕出港八港ニ付昭和五年ノ貿易額ヲ比較セハ（單位圓）

仕出港	昭和四年	昭和五年	增減率
大阪	一〇八、〇八五、一二三	六四、五七二、六二六	(一)四〇%
神戸	二八、一四一、六九八	二一、四二一、二三六	(一)二四%
横濱	二六、八一〇、四二五	一四、五五九、〇五〇	(一)四五%
門司	一二、二〇三、二四一	九、〇八一、一一七	(一)二六%
名古屋	四、七六三、七六九	三、三三三、五四七	(一)三〇%

192

下關	二、四二五、七五三	一、四九五、八九六	(一)三八%
小樽	一、七九五、七二一	四四九、四四五	(一)七五%
若松	一、三〇七、七八〇	四、七八〇、一一〇	(十)二六六%
其他	三、七一四、九三〇	二、六九六、五六三	(一)二七%
計	一八九、二四八、四三八	一二三、三八九、五九〇	(一)三五%

即チ八港中前年ニ比シ異數増加ヲ示セルハ若松一港ニシテ他七港ハ悉ク減退ヲ示シ殊ニ小樽ハ七割以上ヲ、神戸、大阪カ何レモ四割以上ヲ、其他何レモ二割以上ノ萎縮振ナリ

更ニ之ヲ貿易額順位ニヨリ比較セハ前年第八位ナリシ若松カ本年第五位ニ躍進セルノミテ他ハ異動ヲミス、斯クノ如ク若松ノ貿易額増進ハ前述ノ通リ八幡製鐵所製品鐵材ノ輸出増加ニ基因スルモノト思ハル

更ニ之等七港ノ減退額ニ付検討ヲ試ミレハ（單位圓）

仕出港	減退額	割合
大阪	(一)四三、五一二、四九五	(一)六三%

180

~~27~~

港	輸入額	割合
横濱	(一)一二、二五一、三七五	(一)一八%
神戸	(一)六、七二〇、四六二	(一)一〇%
門司	(一)三、一二二、一二四	(一)四%
名古屋	(一)一、四三〇、二二二	(一)二%
小樽	(一)一、三四六、二六六	(一)二%
下關	(一)九二九、八五七	(一)一%
計	(一)六九、三一二、八〇一	一〇〇%

卽チ大阪港ノ減退ノミニテモ既ニ六三%ニ上リ之ニ横濱ノ一八%、神戸一一%ヲ加フレハ九一%ニ當ル點ヨリ見レハ昭和五年中輸入貿易ノ衰退ハ主トシテ之等主要三港ノ減少ニ基クモノト思ハル

八、最近三ケ月ノ輸入狀況（自一月至三月）

然ラハ昭和六年ニ於ケル輸入狀況カ如何ナル傾向ニアルカニ付一月以降三月迄ノ輸入額ヲ前年同期ト比較スルニ（單位圓）

194

年別	一月	二月	三月	計
昭和四年	九、〇五一、六九九	一一、〇〇六、八二九	一六、三五六、〇九一	三六、四一四、六一九
〃五年	五、〇〇二、一九八	四、六八一、九一一	八、三〇八、二一七	一七、九九二、三二六
増減	(一)四、〇四九、五〇一	(一)六、三二四、九一八	(一)八、〇四七、八七四	(一)一八、四二二、二九三
増減率	(一)四五%	(一)三〇%	(一)四九%	(一)五一%

之ニ依テ観レハ三ケ月ニ於テ五一%ヲ減シ昭和五年減退率三五%ヲ超過スルコト一六%ニシテ且ツ輸出貿易ノ本年減退率（一月至三月）四二%減ニ比スルモ更ニ甚シキ不振状態ニアリ

尚以上ノ三ケ月ノ重要輸入品ニ付前年同期ト比較對照セハ次表ノ如ク最近ニ於テ全ク驚クヘキ不振状態ニ陥リツツアル傾向ヲ看取シ得ヘシ

年別	綿織物	鐵	機械及同部分品	衣類及同附屬品	精糖及氷砂糖	布及同製品	紙類	計
昭和五年	一二、〇九九、六九三	三、四九五、九三〇	一、六七七、七六三	一、一六七、〇六七	一、〇七七、六五六	一、〇三五、八八九	九八八、三五五	二一、五四二、三五八
〃六年	二、六四六、九六八	六九六、一四五	七七四、七三九	九九一、七五七	四六六、五一五	六一五、六六〇	五三〇、九六六	六、七二二、七五〇
増減	(減)九、四五二、七二五	(減)二、七九九、七八五	(減)九〇三、〇二四	(減)一七五、三一〇	(減)六一一、一四一	(減)四二〇、二二九	(減)四五七、三八九	(減)一四、八一九、六〇八
増減率	(一)八〇%	(一)七二%	(一)五四%	(一)一五%	(一)五七%	(一)四一%	(一)四六%	(一)六八%

195

1182

29

(8) 結言

以上ノ通各種ノ比較檢討ニ於テ昭和五年來最近ニ至ル日滿貿易趨勢ニ付概述ヲ試ミタルカ此ノ傾向カ今後益々濃厚ヲ加フルニ至ラハ日滿貿易ノ重要性ニ如何ナル變化ヲ來スヤモ圖ラレス全ク重大ナル危機ニ直面セルモノト察セラレ此際之カ振興ニ付充分ノ考慮ヲ要スルモノト思料セラル。

196

474

秘

受付 6.8.15 商工課

商工課長

産業係

資料日報　六第一〇一号　昭和六年八月五日　資料課

〇交通

1（河北発四平街着石油）（四駅）

北寧及社線経由運賃諸掛ヲ比較セルモノ、一車ニ付社線経由高金五〇円八二銭。

2（東鉄納入奶子山炭数量價格）（長駅）

寛城子駅・吉長長春站間軍用線ニテ、昨年十二月以降今日ニ至ル迄ノ輸送数量八一、三七〇〇瓲ニシテ、其ノ價格ハ吉長長春站渡瓲當九元七五仙ナリ。

3（斉克鉄路工程中国銀行借款）（哈事）

曩ニ一部テ云ハレテオツタ該鉄路ト中国銀行トノ借款ハ、事実無根ノ模様テアル。

4（吉敦鉄路貨物運賃一部改正）（吉敦）

拉法・蛟河站発角材・原木ニ對スル三割引及吉林站発高粮・小米

475

475

●包米ニ對スル二割五分引特定賃ヲ廃止シ、各駅発角材●原木●板材ニ對スル二割五分引特定賃ヲ、一割引ニ改正シ、其ノ期間ヲ一年間トス。以上八月十五日ヨリ実施ス。

5（七月二十日現在瀋海主要駅滞貨数量）　（奉公）

6（四平街東部背後地蒐荷事情報告）　（四駅）

7（京滬●滬杭甬両路局局長更迭）

本年四月八日両路局長ニ就任シタ羅洋輝ハ七月二十九日附ヲ以テ鉄道部勤務ヲ被命、上海兵工廠長郭承恩カ其ノ後任トシテ兼務ノコトニ発表サレタ。更迭ノ原因ハ宋子文狙撃事件ノ警備不行届ニ在リト云ハレテオル。

476

○経済

1 (国際貿易局ノ成立)

国民政府実業部ハ豫テ郭秉文ヲ準備員ニ任シ上海ニ国際貿易局ノ設置ヲ計画中ナリシカ、七月二十日該局ノ組織条令ヲ公布シ八月一日ヨリ事務ヲ開始セリ。

477

477

○政治

1（遼寧省国貨提唱宣傳運動）

七月二十六日ヨリ開始、宣傳團体ハ遼寧商工総會・外交協會・国民常識促進會等。

2（北寧鉄道ニ戒嚴令施行）

七月三十一日ヨリ、司令ハ独立第九旅長何桂国。

3（支那官憲ノ地主對鮮農商租契約嚴禁佈告及ヒソノ對策）入手。

4（吉林支那監獄在監鮮人数）

共産党嫌疑ニテ逮捕收監サレタモノテ、二五八名ニ達スル。

5（哈爾濱ニ於ケル社會事業ノ概況—六年七月現在）入手。

6（満洲ニ於ケル共産党ノ活動狀況—六月分）

関憲調、入手。

478

秘

資料日報　六第一〇二号　昭和六年八月十日　調査課情報係

〇交通　　商工課長　産業係

1（白河現状）

祜太紡績附近ヨリ下流ハ従来ト大差無キカ如ク、天津港内ノ状態ハ急激ニ悪化シ、水路モ狭隘トナリ処々ニ泥灘ヲ生シ、回船場附近ヨリ上流最モ甚シク目下浚渫船三隻作業中テアル。

2（武漢地方水害）

平漢鉄路ハ湖北・河南両省ニ於ケル各処線路ノ崩壊ニ依リ、七月廿四日以来客貨列トモ、漢口ヨリ百四十支里ノ孝感以北ニ通セス。湘鄂鉄路モ武昌ヨリ二百支里ノ咸寧・蒲圻間崩潰ノ為、廿八日以来不通トナル。

3（松花江航行状況）　（洮公）

4（北寧通遼駅貨物主任更迭）　（国際）

李占春ハ七月廿二日附ニテ天津総局ニ轉任、後任ハ唐山貨物主任吏昆山ニ決定シタ。

5（天図鉄道六月分運輸概況）　（竜井）

479

479

○経済

1（遼寧省政府ノ金融救済流通券発行）

省内各縣ノ金融維持並ニ警学費救済ノ為メ八月中旬首題債券五百万ノ発行ヲ決定シ規定十三ケ条ヲ設ケタル由ナルカ其ノ主ナル条項左ノ如シ

一、省政府発行　二、期限一ケ年、右経過後ハ回収ノ上焼却ノコト

三、種類　十元・五元・一元・五角ノ四種　四、現大洋ト同一律ノ価格ヲ以テ流通セシムルコト　五、市場ニ流通セシムル外租税納入及各課金納入ニ通用セシム。

2（奉天城内邦人貿易商組合ノ営業税納入決定）

題記組合幹部ト税捐局トノ妥協成立セルカ、営業額査定ノ結果五月分ノ売上総額ヲ現大洋二一、五〇〇元トシソノ二分四三〇元ヲ標準トシ、第一回分トシテ五月分ヲ現大洋四五〇元乃至五〇〇元見当ニテ割当ヲ八月十日各商随時納税シ、六・七月分ハ五月分ノ成績ヲ見テ追テ納税ノコトニ決定。

480

3（洮南縣ノ営業税負担額）

首題ハ二二万五千元ニ決定シ、内二〇万五千元ハ瓦房鎭各商店負担ス。

4（法庫縣ノ穀類移出禁止）

法庫縣ハ八月五日ヨリ秋期出廻時期迄高粱・粟・糗粟・玉蜀黍ノ縣外移出ヲ禁止シタ。

5（遼寧紡紗廠ノ第八期営業報告）

6（デンマーク東亞商會第三十四期決算報告）入手。

7（滿洲及東蒙畜産物ノ輸出狀況）哈爾濱日本總領事館訳出、入手。

8（朝鮮木材保税工場設置反對運動ニ関スル件）

9（日支合弁鑛區封鎖ニ関スル実業廳訓令）

○政治

1（通遼外交協會第二回宣傳大會）七月廿六日南市場ニテ開催。

2（敦化外交後援會組織計画）

3（北平地方日貨排斥運動利害衝突）

481

4 総商會ト省党部ノ指導スル反日會ト利害一致セス紛糾。
(上海共同租界日貨差押禁止)
総弁フエツセンデン日貨ノ検査差押禁止命令ヲ出ス、七月廿八日。

5 (長春外交協會田代領事排斥運動ヲ起ス)

6 (奉天柳井領事一行鮮僑視察) 遼寧省懐徳・吉林省長春縣六縣地方。

7 (奉天朝鮮遭難同胞追悼會気勢上ル) 二日。

8 (間島事情概況自三月上旬至七月下旬) 入手。

9 (東三省特別區ニ於テ治外法權ヲ有タナイ外人カ如何ニ苦難シテイル
カノ実例) 哈事調。六十余枚ノ実例集
一、治外法權ヲ有セヌ外人ノ法律的地位ニ関スル実例 二、特別區支那
法院ノ実狀 三、特別區監禁所ノ実狀 四、特別區ノ旅券制度 五、支那
官憲ノ言論壓迫 六、東支警備支那軍警ノ暴狀ト無力。

10 (哈爾濱市党部ハ日露両国ノ滕知策動對策ヲ協議ス) 七月二十九日。

11 (敦化・額穆両縣事情) 入手。

12 (洮南兵營新築続行)

482

銀暴落ノタメ一時工事中止ヲ傳ヘラレタカ近ク起工開始ノ筈。

13 (廣東政府軍政會議規定) 入手。

14 (光州学生事件ノ思想的考察) 入手。

15 (開魯附近農耕鮮人狀況) 入手。

16 (北滿労働組合協議會) ハ、最近滿洲ノ政治狀勢ト當面ノ任務ニ關スル指令ヲ発シタ。

483

秘

情報日報　六第一〇三号　昭和六年八月一一日　調査課情報係

商工課長　産業係

○交通

1（平漢線運行状態）　（北公）

平漢線特別急行六日ヨリ北平・信陽間復旧、普通列車漢口迄乗車券ヲ発賣シツツアルモ直通ハ尚ホ不確実テアル。

2（北平・竜江間直通旅客列車運轉実施期未定）　（斉公）

北寧・四洮・洮昂・斉克間テ交渉中テアルカ、廻入客車ノ使用料金ニ関シ、斉克側ニ異論アリテ、其ノ実施期ハ未定テアル。

○経済

1（北満麦酒會社ノ調査）

北満ニアル各麦酒會社ノ資本関係・醸造能力・販賣價格並ニ営業現状ヲ要領ヨク略述セル好資料。

2（黒竜江官銀号系機関ノ活躍状況）

○政治

484

1 （北平・吉林ニ日貨ボイコット連鎖狀出現）

幸運ノ手紙ヲ眞似テ日貨排斥ヲ行ハントスルモノ。

2 （黒竜江省国貨提唱委員會成立） 役員決定ス—八月一日。

3 （廣東軍参謀高尙英ハ銃殺サル）

蔣ニ買收セラレ飛行機爆破ヲ企テ発覚サレタル結果。

4 （石軍退却中）

目下武强・衡水・棗橋附近ニ在リテ山東方面ニ退却中—八月四日。

5 （閻錫山、山西へ）

五日飛機ニテ、北方時局再ヒ緊張ス。

6 （奉天兵工廠関係者問詰セラル）

奉天兵工廠ヨリ對石軍戰ニ送リタル小銃彈及砲彈ノ不発ニ関シ小銃彈廠長李達頭・砲彈廠長王作仁・火藥廠長某ノ三名ハ責任ヲ問ハレテ監禁セラル。

7 （白河出入船舶ノ檢査並ニ夜間出入禁止）

485

前者ハ支那船ニ限リ後者ハ支那戎克ニ限リ普通船舶ニ何等ノ拘束ナシ。

8 (張寿增近ク帰黒)
在莫斯科露支会議停頓ノタメ。

9 (在哈東支鉄道調査員カラマゾフ黒河ニ至リ経済調査ヲ行ッタ)

10 (興安區懐鎭近況) 入手。

11 (満洲馬賊ノ概況) 入手。

12 (蘇聯邦遠東独立守備軍ノ配備) 入手。

13 (上海八一紀念日情況)
警戒厳重ノ為メ平穏ニ終ッタ。又闘備ノ豫定ト言ハレタ第一次ソヴエート代表大会モ尚開カレテ居ナイ。

14 (吉林省城ニ根拠ヲ有スル不逞鮮人団体ノ現況—吉公署) 入手。

15 (黒竜江省奇克縣人口及面積・物産報告) 入手。

486

486

受付 6.8.13 地.庶

受付 6.8.15 商工課

商工課長

産業係

秘

情報日報取扱ニ関スル注意

一、今後日報所載事項ノ質又量ヲ擴充ス
一、ツイテハ従来ノ秘扱ヨリ愼重ニスルノ要アリ
一、従テ外部ヘ発表ハコレヲ禁止スルヲ原則トスル
一、尚コレ迄日報ヲ外部ヘ交付シツツアリシ向ハ直チニ停止セラレ度

6.8.21

受付 6.8.21

487

情報日報　六第一〇四号　昭和六年八月一二日　調査課情報係

○交通

1（葫蘆島築港紛糾——八月一日天津庸報）（北公）

北寧総局ニ於テハ、七月三十一日各処ノ重要職員ヲ召集シテ、解決方法ニ就キ協議スルトコロカアツタカ、何等決定ヲ見スニ了ツタ。

2（平漢線北平・石家荘間旅客列車時刻表）（北公）

3（斉克・鶴立岡売炭契約成立）

4（鉄道収入金ヲ中央銀行ニ預入方指令）（奉公）

其ノ指令ニ対シ、東北各鉄道ハ何レモ特殊事情ノ為、実行困難ナ旨申出テツツアリ。

5（虎林・密山間自働車路施設）（吉公）

第一段虎林・蘇爾徳間百六十華里ハ今春起工最近完成シタカ、第二段蘇爾徳・密山間百六十華里ニ対シテハ至急起工スル様省政府ハ密山縣ニ命令方ノ手配ヲナシタ。

6（洮昂・斉克両路局務會議記錄）

7（東鉄前半期輸送成績比較）（哈事）

旅客――三〇年二百万人・三一年百万人、貨物――三〇年二百四千万瓲・三一年百九十万瓲。

8（三一年七月廿九日東鉄現金現在高表）

9（知多ニ於ケル鉄道運行並産業状況概要――知多発行ザバイカルスキーラボーチ紙所載）（斉公）

10（黒河地方出水被害）（斉公）

六月中旬十日間余ニ亘ル降雨ノ為、公別拉河及坤河流域地方ニテハ各橋梁ハ破壊又ハ流失シ、相當被害アリタルモ人命ニハ被害ナシ。

11（呼海・斉克両路現有車輛数表）（斉公）

12（北寧河北站発著貨物数量表）（国際）

48P

489

13 （松花江官民船舶シンジケート解散――露字紙公報所載）（長駅）

○経済

1 （七月中ニ於ケル上海綿糸布移出入量，英文）

2 （外国人ノ東北省生産農作物調査禁止密令）遼寧省実業廳ハ八月一日附ヲ以テ管下各縣ニ訓令ヲ発シ、東北省ニ於テ外国人ノ行フ農産物生産高其他ノ調査ヲ禁止セリ。其理由トスル所ハ経済界攪乱ト云フ漠タルモノニシテ実際ニ於テハ従来ト別段変ルトコロナキ模様ナリ。

3 （遼寧省実業廳ノ外人礦業取締）

同廳ニテハ外資ニ依ル鑛業経営ニ紛擾頻発スルニ鑑ミ、最近重要会議ヲ開キ、礦山ヲ担保トシテ外人ヨリ借款セルモノ・私ニ外人ト合弁契約ヲナセルモノ・マタハ外人ノ経営ニテ支那人ハ單ナル名義人ニ過キサルモノ等ヲ調査ノ上厳重取締ルコトトナレリ。

○政治

1 （瀋陽市商會及工會ノ排日運動）

490

石友三叛乱鎮定セルモノトシ再ヒ對日経済絶交ノ気勢ヲ挙ク。

2（遼寧商工會對日経済絶交組織簡章）

北平各界ノ援助旅韓僑胞反日運動大會決議ニ基キ組織サレタルモノニシテ、同章程ニハ「事実上ノ需要ニヨリ経済絶交委員會等ノ特殊委員會ヲ設置スルコトヲ得」ト規定セリ。

3（日支鉄道交渉ニ関スル外交協會ノ排日宣傳文）　入手。

4（陳中孚赴奉）

東北宣撫使トナリテ奉天ニ赴クト。

5（万寶山事件ニ関スル共産党ビラ）

七月十五日附。日本・支那・朝鮮共産党ハ合同シテ万寶山事件ニ関スル宣言ビラヲ発シタ。現物及訳文、入手。

6（支那工場法所表類見本）

工人名册・工人傷病報告書・災変事項報告表・工作証明書・退職工人報告表——入手。

491

7（哈市ニ於ケル八一デー）

支那官憲ノ警戒厳重ナリシ為、表面的運動ナシ。哈爾濱總工會及中共北滿委員會ノビラ若干配布サル。

492

492

秘

商工課長

産業係

情報日報　六第一〇五号　昭和六年八月一三日　調査課情報係

〇交通

1（七月中旬吉海吉林東站車扱発送貨物）　（吉公）

瀋海著一四七車・北寧著四四車

2（七月中旬吉長吉林站車扱発送貨物数量）

大豆六七・雑穀一二・木材一〇五・其ノ他一五計一九九車、前旬ヨリ

リ五車増。

3（七月中旬吉長各駅発吉林逆送穀類数量）

二二車、但シ頭道溝発ハ皆無テアル。

4（吉海最近収入）

自七月一日至十五日　八六、五二六元三〇、一日平均五、七六八元二

〇

5（罌粟種取扱方交委指令）　（吉公）

当該品ハ輸送申告ノ際、法ニ依リ扣留シ犯人ト共ニ地方官憲ニ送致

493

493

処分スル様、各鉄路ニ指令シタ。

6 （吉林・撫順間木材運賃諸掛比較）　（奉駅）

吉長経由社撫順着 —— 一二四円三四、吉海経由瀋海撫順着 —— 金一〇一円三〇、瀋海撫順站千金寨間馬車運搬賃二五元 — 三〇元。

7 （洮索鉄路工事状況）　（洮公）

黄金難ノ為工事捗ラス、現在仮営業中ノ終点王爺廟カラ八〇支里ノバラカ迄ノ土盛工事カ最近終了シタノミテアル、尚バラカニハ約六〇〇ノ天津華工カ従事シテオル。

8 （四洮局ノ開灤炭購入）　（奉公）

四洮ハ今春以来、開灤炭ヲ購入一部ニ使用中テアツタカ、高紀毅出發ノ惠通公司ト新ニ契約シ、開灤切込ヲ購入スルコトニナツタ。価格ハ通遼渡一三元五〇、惠通ノ収得屯約二元テアル。

9 （斉克鉄路中国銀行短期借款契約書）

10 （北寧鉄路会議）

494

本月八日天津ニ於テ、関内各段各駅車務・機務・工務各処主任ヲ召集シ、現業ニ関スル會議ヲ開催シタ。

11 （七月中松花江河船ニヨル吉林及九站出廻穀類数量）

上流ヨリ吉林——二三〇車、下流ヨリ吉林・九站——一三六車。

12 （瀋海営盤・興京間支線工事未著手） （奉商）

其ノ計画ハアルカ、資金難ノタメ工事ニ著手シタ事実ハナイ。

13 （四平街駅・洮昻線泰来站・洮南站駅勢図） （四駅）

14 （膠済鉄路職傭人請暇通則）

15 （東支鉄道組織及重要幹部一覧表）

16 （中国鉄道ノ内外品差別運賃） （上事）

鉄道部ハ、青島中国燐寸同業會ノ請願ニ基キ、目下実施中ノ「華廠火柴減等收費弁法」ヲ九月一日ヨリ更ニ向フ四ケ月延長適用スヘキ旨、各国有鉄路並各鉄路公司宛命令スルトコロカアツタ。

495

17（中国々有鉄道工務整理計画——鉄道部長代理遠声海声明）（上事）

○経済

1（奉天ニ於ケル日本製四綾綿布ノ需要激減）

従来日本製品ノ独占ナリシ首題商品ハ国貨提唱ノ影響・輸入海関税率ノ増加等ノ為メ、昨年二千五百箱ノ需要中日本品ハ其八割ヲ占メ来リシカ本年ハ僅ニ二百余箱ニテ其ノ他ハ総テ支那品ニ占ラルルニ至レリ。

2（奉天ニ露国産石油ノ一手販売店設置）

城内洪順盛糸房ハ、露国側ト同国産石油並ニ機械油ノ遼寧省一手販売契約ヲナシ、大西関ニ其取扱店トシテ「新昌号」ナル新店ヲ設置シ目下開店準備中。

3（東三省官銀号ノ質屋増設）

仲秋節後ニ実現ノ豫定ニテ、新設豫定数ハ東北四省ニ亘リテ八十三ケ所、店名ハ一律ニ公済當ト称シ奉天公済當ニ於テ統一シ、資本額

496

ノ大小ニ依リ一・二・三等ニ區分ス。

4 （安東支那電燈廠ノ日本側電燈ニ對スル策動）

電燈廠長ハ孫商務會長ト合議ノ結果、支那街各戸ニシテ八月末日迄ニ中国電燈ヲ取付点燈セサルモノハ其申込數ニ應シ料金ヲ徴收スヘシト強制的勧誘ヲナスコトトセリ。

5 （通遼穀類貨幣相場表及月末在荷表，七月分）

6 （七月下旬通遼交易所相場及出来高）

7 （自敦化至間島物資移出数量調，自昭和五年一月至五年十二月。

8 （満洲輸出組合設置計画）

9 （満洲木材同業組合會開催——安東公會堂ニテ）

10 （露商業會議所調査，北満收穫豫想概況）

11 （遼寧省政府ノ民営電気事業奨励弁法）

497

497

○政治

1（奉天ニ於ケル八一）

警戒厳重ニシテ静穏、北寧鉄路工人自已工會皇姑屯分會ノ八一宣言ビラ発見サル。

498

秘

情報日報　六第一〇六号　昭和六年七月一四日　調査課情報係

○交通

1（瀋海線朝陽・輝南間鉄道工事急速着手方輝南農商會請願）（奉公）

七月二十三日附ニテ交委ニ請願アリ、交委ハ瀋海ニ移牒シタ。

2（瀋陽・臨江間鉄道敷設計画）

交委テ研究中テアルカ、近ク実地測量ノ程度迄進行シ居レリト。

○経済

1（支那ノ外国工場実習生）

従来支那ノ外国留学生ニシテ外国工場ノ実習ヲ希望スル向アリシモ外国工場ハ失業者ノ多キヲ理由トシテ容易ニ其希望ヲ容レス、為ニ実際技術ノ習得ニ不便多カリシトコロ、今回南京政府ハ其弁法トシテ向後支那側カ外人工場ヨリ物品購入ノ契約ヲナス場合支那ノ留学生ヲ該工場ノ実習生トナスコトヲ交換条件トスルヨウ各省政府ニ命令スルトコロアツタリ。

2（遼寧実業廳ノ商標権保護命令）

499

3（奉天城内貿易商組合員ノ五月分營業稅納付） 納付日附七月十一日。

4（遼寧実業廳ノ外人商店登記命令）

5（七月下旬中南支商況 ——上海ニ於ケル排日貨——）

500

500

秘

情報日録　六第一〇七号　昭和六年八月一五日　調査課情報係

○交　通　　　商工課長　　　産業係

1（七月中，吉海收入）　　　（吉公）

吉大洋一七三、一一五元二〇、前年同期ト比較セハ廿七割ノ増收テアル。

2（七月下旬吉海吉林東站発送車扱貨物数量）　　　（吉公）

瀋海着一〇〇・北寧着六九、計一六九車。

3（七月下旬吉長吉林站発送車扱貨物数量）　　　（吉公）

木材一〇八・其ノ他六〇、計一六八車。

4（吉長・吉海・瀋海経由麦粉輸送計画）

哈市　業組合ハ長春ヨリ吉林ヲ経テ吉海・瀋海廻トシ、奉天及営口方面ニ麦粉ノ輸送ヲ計画シ、先般来関係鉄路ニ対シ運賃ノ割引方ヲ申請中テアツタカ、吉海ハ既ニ三割ヲ承諾シ・瀋海ハ目下満鉄運賃ト比較研究中テアルカ恐ラク申請ニ副フ様ニ決定スヘシト。

501

501

5（エ・フノ富錦大豆輸出計畫）　（国際）
エ・フハ七月上旬ヨリ其ノ輸出準備ヲ為シテオルト云フカ、未タ買付セシ模様ハナイ。現在富錦ノ在貨ハ約四万噸テアル。

6（烏鉄新公債発行）　（国際）
浦塩露紙ノ報スルトコロニ依レハ、ソヴエート政府ハ烏鉄ニ對シ、五千万留ノ新公債発行ヲ許可セリト。

7（七月下半期分、北寧鉄道通遼駅営業報告）　（鄭公）

○経　済

1（東三省官銀号ノ奉票貸出）
東三省官銀号ハ十一日遼寧紡紗廠ニ對シ奉天票一千二百万元ノ貸付ヲナセルカ引続キ東興紡織公司・恵臨火柴公司等ニ對シ貸付交渉中。

○政　治

1（外交協會朝鮮事件調査員派遣）

502

趙雨時・王化一・盧廣績ヲ派遣ノ筈。

2（万寳山事件写眞宣傳）

吉林省党部ハ万寳山事件関係写眞資料三部二十数枚ヲ宣傳材料トシテ各国ニ送ル。

3（武漢反日會成立狀況）　入手。

4（通遼外交協會第二次宣傳大會狀況）　入手。

5（吉林中日鉄路交渉後援會ノ宣言書）　入手。

6（蔣・張、雜軍解決計画）

蔣・張ハ石友三軍解決ヲ機ニ蔣ハ山西雜軍ヲ・張ハ韓復榘軍ヲ分担解決スルニ決シタト傳ヘラル。

7（廣東軍事會議附蔣計画）

第一・第四集團軍ハ協力シテ十日衡州ヲ・二十日長沙ヲ占領シ、武漢ニ入ルヘキコトヲ命令シタ。

8（石友三於徳州、八日下野通電発表）

503

503

部下ハ孫光前・米文和ニ指揮セシメ韓ノ節制下ニ入ル。

9（商震ノ地盤）

山西主席ヲ辞シタル結果、奉天派ハ石友三ノ旧地盤順徳・大名ヲ与ヘントス。

10（綏遠省主席李培基赴平）

十一日北平着、帰綏ノ見込ナシ。

11（海竜附近匪賊状況月報，七月分） 入手。

12（上海土地永租手続改正ニ就テ） 上事調、入手。

13（「工人事情」第四期） 訳文入手。

中共北満委員会機関紙。本号ニハ国民政府ノ工会法、工廠ノ罵倒及ヒ東鉄路局・支那当局・華工事務所ニ対スル反抗記事登載。

14（「共産青年団トハ何ソヤ」）

中共北満委員会ヨリ題記パンフレットヲ配布シタ。

504

504

15 （鮮人無政府主義團体衆友聯盟）

東支線石頭河子ヲ中心トシテ組織サル。

16 （満洲出稼華工ノ営口集散状況，七月分） 入手。 （営地）

訂 正

日報六第一〇六号ノ日附中七月一四日ヲ八月一四日ニ訂正

105

505

秘

情報日報　六第一〇八号　昭和六年八月十七日　調査課情報係

商工課長　　産業係

○交通

1（唐山啓新洋灰特約運賃）

セメント一車四〇屯二二五條—通面價格大洋二三一元二〇—唐山新石廠・北寧瀋海接續点間運賃諸掛計大洋二〇九元七〇。

2（東三路聯運官塩特定運賃及諸掛）

一車三一噸、後搗、高橋・吉林東站間—北寧、一七七元九五—瀋海、二一七元六五—吉海、一六〇元〇〇—合計五五五元六〇

3（八月上旬分，東支各駅発寛城子駅着地方的運輸南行貨物適用運賃諸掛並税捐）　（長駅）

4（北寧鉄路用地繁栄策）　（奉商）

北寧遼寧総站ヲ中心トシ北市場・工業区・北陵ニ至ル一帯ノ區域ヲ買收シ、整然タル市街ヲ造リ、満鉄附属地ニ倣フ計画ハ、其ノ後著々ト進捗セシメツツアリ。

506

506

5 （富錦大豆ノ河運輸出計画ノ其ノ後）（国際）
八月一日・二日ノ両日ニ亘リ積出ス目的ヲ以テ帆船ニ作業中、在富錦官憲ヨリ中止ヲ命セラレタルヲ以テ作業中ノモノハ全部陸揚ケシタト。

6 （北寧鉄路貨物附添人乗車規定原文）（鄭公）

7 （外国製品ニ対スル一般中国鉄道ノ差別運賃）
現行貨物運賃制定ノ標準ハ外国貨物ニ対シ差別的色彩強ク、先ツ外国製品・中国製品ト二分チ、中国製品モ其ノ工場資本・原料・及従事員等ノ国籍別ニ従ヒ標準ヲ異ニセル為、将来此ノ方針ヲ改メサル限リ、幾多ノ紛糾ヲ免レサルモノト見ラレル。

8 （膠済鉄道ノ日本ヨリ購入ノ貨車好評）

9 （黒河―竜鎮―海倫ノ交通状況）（斉公）

10 （瀋海収入）（奉商）

507

507

七月分－旅客一九万元・貨物四三万元、計六二万元。自一月至七月七個月分－旅客一六五万元・貨物五八七万元、計七五二万元。

11 （北寧第二段聯絡會議） （北公）

八月六日山海關車務段ニテ開催、出席者 總務副處長吳頌華、天津山海關間ノ各駅・車務・機務・工務・各段ノ代表者、議題ハ主トシテ現業ニ関スルモノ。

12 （河北駅発著貨物数量） （營地）

自七月廿日至卅一日－発六、二五〇噸・著一三、二九〇噸。

13 （瀋陽附属地警察移管後ノ模様） （奉公）

移管後ノ取締ハ城内方面ヨリ厳重ヲ極メ、従来瀋海カ特別地帯トシテ阿片・賭博等ヲ默許シ、漸次繁栄ニ向ヒツツアリシヲ、根本ヨリ覆サレ一般ニ怨嗟ノ声高ク、近ク瀋海ハ公安局ト交渉ヲ試ミルコトニナツタ。日報六第七三号参照

508

508

14（瀋海鉄路二十年度豫算）

○経済

1（勝覺委員會ノ内容ト其ノ出入外商）

東北辺防軍司令長官公署勝覺委員會設置ノ目的・組織・運用ノ現狀ト其ノ出入外商ノ主ナルモノヲ詳述セル好資料。

2（鑛業税ノ中央徵收計画）

九月一日以降財政部ヨリ課税ノ豫定ニテ、行政院ハ八月七日財政部提出ノ同規則一件書類ヲ立法院ニ移牒セリ。而シテ同法ヲ先ツ河南・河北・湖南・湖北・江西・安徽・浙江ノ七省ニ実施スル計画。

3（上海煤業同業會ノ内容ト同會ノ行政院ニ提出セル石炭會議開催請願）

4（遼寧国民常識促進會ノ國貨提倡傳單配布）

5（莫斯科國営貿易部ノ支那日貨排斥利用指令）

○政治

509

509

1 (北平反日會日貨檢査決議)

十一日市党部ニテ第二次経済絶交委員會ヲ開キ、㈠即日日貨檢査開始スルコト ㈡十七日ヨリ向フ二週間ヲ日貨登記期間トスルコト ㈢登記手続料奢侈品百分ノ二、普通品百分ノ一、必需品百分ノ〇・五徴收ヲ決議

2 (上海支部記者團、万寶山朝鮮事件視察)

大陸報(鄭鈞)・時事新聞(何西亞)・申電訊社(黄天鵬)一七日上海発、大連経由十二日著奉、十四日撫順視察ノ上、遼寧各法團代表ト共ニ朝鮮ニ赴キ更ニ万寶山ニモ実地調査ニ赴クト。

510

510

㊙

情報日報　六第一〇九号　昭和六年八月十八日　調査課情報係

○交通

1（蘇聯石油奉天進出）（奉駅）

哈市ナフター・シンジケートハ長春ヨリ奉天ヘ六月下旬社線ニテ二車（石油一・揮発油一）・七月下旬吉海経由ニテベンジン一車試送シタルカ、漏出等ノ事故比率ハ社線一・吉海経由六、運賃諸掛ハ社線金三二五円五〇・吉海経由金三四七円六二ー社線安金一二円。

商工課長

産業係

2（官錦大豆河運露領向輸送）（国際）

支那側官憲ニ於テハ国内通過及国外航江輸送中並商取引上ニ生スル事故ニ就テハ一切責任ヲ負ハサルヲ以テ，売買双方カ之ヲ承知ニテ輸送スルナレハ大豆ニ限リ之ヲ黙許ス、トノ程度ニ諒解成リタルヲ以テ、エキスポートフレーブハ最近少量宛試験的ニ買付ケアリ，近日中ニ発送ノ筈ナリト。

3（東北各機関ニ支出スル北寧毎月ノ経費）

毎月約二十万元ー内訳、交委一万五千元・聯運換算所千元・瀋陽

511

511

州各扶輪学校五百七十元●東北農学校補助費六百元●無線電台補助費千六百元●洮索路建築費十万元。

4（吉長頭道溝站発逆送穀類）　（長駅）

七月中中絶シテオッタ頭道溝站発吉海経由河北向穀類カ、七月三十一日以降再ヒ其ノ発送ヲ見ルニ至ッテ同日ヨリ八月十日迄ノ数量ハ大豆一二●高粱六●粟一　計十九車テアル。

5（中国航空公司近況）　（上事）

使用機破損ノタメ六月十日以来休業中テアッタ京平線ハ、郵便逓送ノミ本月二十二日カラ復活スルコトニ決定シタカ、旅客扱開始期ハ未定●使用機ハ六台テアル、又京平線復活ト同時ニ開始スル豫定テアッタ宜昌●重慶線ハスヘテ準備ハ完了シタカ、長江筋水害ノタメ営業開始期ハ未定テアル。

6（中東附帯事業及補助事業豫算委員會）

7（東北各路二十年度豫算細別表）

512

8（七月下旬分，瀋海在貨噸数表）（奉駅）

9（富錦大豆河運輸出經緯）（哈事）

今回ノ富錦大豆露領輸出計画ハ、一昨年ノ露支紛争以来疲弊シ尽セル富錦市カ必死的恢復策トシテ同地糧棧カ一丸トナリテ商務會ヲ通シエ・フニ懇請セルモノテ、本輸送計画擡頭以来ノ幾多ノ反對モ押切ツテ遂行セラレルモノト信セラレル。第一次ノ分トシテ四二車扱克六〇隻ニ積込ミ、本月六日富錦出帆同八日ミハイロセメノフスクニ到著積替ヲ完了セルモノノ如クテアル。

10（東鉄使用独乙製軌條不評）（哈事）

東鉄ハ一九二八・二九ノ両年ニ亘リ独乙カラ軌條二千四百本ヲ購入、主トシテ東部線ニ使用中テアルカ、寒気其ノ他ノ為損傷甚シク其ノ十二パーセントハ既ニ使用ニ堪ヘナイ有様テアルカ、東鉄ハ今後ノ分ヲ佛国其ノ他ニ就キ物色中テアル。

○経済

513

1（安東支那側電燈廠ノ株式組織改組計畫）
收支償ハサル該電燈廠ハ之カ轉化ノ為メ之ヲ株式組織ニ改組スヘク目下省政府ニ申請中。

2（城內取引ノ附属地邦商ニ對スル五割增徵）
八月五日支那側稅捐局ハ附属地果実商小田洋行ニ對シ城內取引総額ニ更ニ附属地取引高トシテ五割ヲ加ヘ之ニ營業稅二分ヲ賦課セリ。

3（営口油房ノ六月中豆粕生產高）
大型九四五、一六〇枚・小型一五、三〇〇枚、昨年同期ニ比シ大型五二六、七四〇枚ノ增加・小型一〇、五〇〇枚ノ減少、而シテ本年度累計ハ大型四、四九二、四五六枚・小型七四、二〇〇枚。

4（遼寧省政府ノ各縣発行流通券発行弁法）
要項　㈠発行総額－五百万元、各縣ノ発行額ハ省政府之ヲ定ム　㈡目的－地方金融ノ維持　㈢行使期間－一ヶ年　㈣種類－五角・一元・五元・一〇元ノ四種。

514

5（洮南地方ノ青田買付）

毎年六・七月頃ヨリ青田取引行ハレオルカ本年ハ金融ノ緊迫・相場ノ値下リニヨル糧桟ノ打撃等ノタメ取引ハ殆ト皆無。

6（長春ニ於ケル支那側銀行其他金融機関役名）

○政治

1（廣東政府排日ヲ行ハス）

2（外交協會ハ省政府ヨリ月一千元ノ補助ヲ受ク）

3（石友三軍山東省濰縣・昌楽方面ニ輸送セラル―十一日）

4（徐永昌山西主席任命―十一日）

5（閻錫山懐柔ノタメ吳稚揮・李石曾太原ニ赴ク）

6（陳調元部下兵変ヲ起シ大冶ヲ襲ハントス―十日）

7（中国国民党臨時行動委員會行動綱領）入手。

515

8 （在露高麗共産党ノ満洲地方赤化宣傳計画ト中国共産党ノ工作）入手。

9 （韓族聯合會ト国民府ノ聯合統一成ル—七月二十一日）

10 （中国側各学校不帰化鮮人ノ收容ヲ禁止ス）

516

[秘]

情報日報　六第一一〇号　昭和六年八月十九日　調査課情報係

[商工課長]　[産業係]

○交通

1（東北交委ノ社開原駅調査方指令）

交委ハ開豊汽車公司ニ對シ、社開原駅々勢並一般状況ニ就キ、調査報告ヲ命シタ。

2（奉天小西辺門・遼寧総站間電車敷設計画）　（奉商）

資金難ノタメ来年ニ延期サルル様傳ヘラレテオツタカ、最近瀋陽市電車廠カ五万元ヲ支出シ残額五万元ヲ北寧ヨリ仰クコトニナリ、年内ニ工事着手ノ模様テアル。

3（奉天、城内外糧棧在高）　（奉商）

大豆五七車・高粱一五三車。

4（吉海吉林東站・吉敦站間官塩車馬運搬賃）　（吉公）

既報東站・吉敦站間馬車賃一袋大洋八分五トアリシハ、塩倉・吉敦站間ノ馬車賃ニテ、現在東站吉敦站間ニ直接馬車輸送サルルコトナ

517

シ。―日報六第九六号8項参照。

5（七月分，吉海鉄道運輸概況）

6（七月分，吉敦鉄道運輸月報）

7（七月三十日通遼院内在貨数量）（国際）
大豆六〇・高粱五〇〇・其ノ他雑穀一五八　計七一八車、外ニ甘草一六車。

8（鄭家屯站ニ於ケル大通線向貨車配給不良）（国際）
軍事輸送ノタメカ、駅出後二週間ヲ経ルモ貨車配給ナク、降雨期ノ際トテ一般華商ハ困却シオル。

〇経　済

1（営口油房ノ七月中豆粕生産高）
大型八一六、六六〇枚・小型七、九〇〇枚、之ヲ昨年ノ同期ニ比スレハ大型ニ於テ三一四、七四〇枚ノ増加・小型ニ於テ二六、九〇〇枚ノ減少、本年度累計大型五、三〇九、一一六枚・小型八二、一〇〇枚。

518

518

2 （礦産税徴收条例ノ税率）

十二日附申報ニ依レハ礦産税徴收条例ハ既ニ立法院ニ交附、目下税率審査中ノ由ナルカ其内容ハ

陶・石・玉器等ノ貴重装飾礦産ニ對シテハ一〇〇分ノ一〇・煤礦ハ一〇〇分ノ五・薬品礦産及需要ノ各種ニ對シテハ一〇〇分ノ二ヲ徴收ス。

3 （鶴立崗炭礦ノ現状）

同公司ハ黒竜江官銀号ニ對シ、爾後外国炭ノ使用ヲ廃シ本省産石炭ノ購入ヲ申出テシトコロ、馬総弁モ此旨ニ賛成シ所属各機関ニソレソレ其旨移牒セリ。 又同公司ハ結氷前ニ五万屯ヲ生産スル計画ニテ従業員ヲ朝ノ四時ヨリ晩ノ八時迄作業セシメ毎日千屯余ヲ採掘シツツアリ。

4 （礦業法施行細則―民国十九年十月二十四日制定公布）

5 （鄭家屯・通遼物價調，七月分）

518

519

○政治

1（北平ニ於ル反太平洋會議運動）入手。
東方問題研究會ヲ中心トスルモノ。

2（開原縣ニ日貨排斥合作社生ル）

3（支那官民ノ日鮮人ニ對スル壓迫不法行為並被害ニ関スル記錄第三・四・五報）哈爾濱日本商工會議所調、入手。

4（支那側ノ對鮮人関係訓令）入手。

5（露支會議ニ於ケル東鉄路審問題對議内容）入手。

6（ロシア赤軍軍用地形図図式）

7（遼源縣商團對匪賊自衛ノ為復活）

8（間琿地方治安情況）入手。

9（吉林共和報再出版—九月一日ヨリ）

√20

社長　張紹西・名誉社長　江大峰（前共和報主事）・編輯主任　徐某（陸軍経理講習所教官）

10（韓族総弁聯合會領袖南大観一派ノ中国側ニ對スル間島地方ノ情勢報告）　入手。

11（万寳事件ニ関スル中・日・鮮共産党中央委員會ノ聯名宣言）　入手。

12（昭和六年上半期ニ於ケル中国官憲ノ防赤訓令）　入手。

13（上海労働争議調ー七月中）　入手。

51

521

秘

受付 6.8.22 商工課

情報日報　六第一一一号　昭和六年八月廿日　調査課情報係

○交通

1（吉林大豆大連・営口向採算比較）　（吉公）

吉長経由大連向、大連着原價銀三、二五九円四五－賣上手取銀三〇四九円二〇－差引損失銀二一〇円二五。

吉海・瀋海経由大連向、大連着原價銀三、三〇二円六四－賣上手取銀三〇四九円二〇－差引損失銀二五三円四四。

吉海・瀋海経由営口向、営口着原價銀二、八六五円六一－賣上手取銀二、九三三円七七－差引利益銀六八円一六。

2（高紀毅再入院）　（奉專）

先ニ切開シタ部分カ化濃シタノテ、二・三日前再ヒ北平ノ協和醫院ニ入院シタ。

3（吉海・瀋海経由麦粉運賃割引）　（吉公）

既ニ哈市麺業組合カラ請願カアツタ麦粉運賃割引ハ、穀類特定運賃

522

（普通運賃ノ三割引）ヲ適用スヘク既ニ蒸海ノ承諾ヲ得テ、吉海側テ研究中テアルカ、単ニ哈市同業組合製品ニ限ラス吉海東站発ノモノスヘテニ適用スル筈テアル。日報六第一〇七号4項参照

4（吉敦線食料品運賃値上）　（吉公）

沿線住民ノ食料品ノタメ吉林站発沿線各駅著高粱・粟・苞米ハ従来二割五分引ノ運賃テアツタカ、八月十五日以降之ヲ廃止シ普通運賃ヲ適用スルコトニナツタ、理由ハ増収ヲ計ルニ在ルト云ハレテオル。

5（富錦大豆輸出其ノ後ノ状況）　（哈国）

數二四〇余車分ヲ露領向発送シタカ、其ノ途中・著地ノ模様カ判明シナイ為、其ノ後ノ輸送ヲ手扣ヘテオル。

6（東北各路十九年度営業決算報告呼海鉄路ノ分）

7（七月分，濱塩港輸出統計表）　（国際）

○経済

523

523

1（英米社煙草満洲輸入経路変更説ニ就キテ）

英米煙草會社ハ最近満洲奥地ノ輸入経路ヲ変更シ従来上海経由ナリシモノヲ神戸積換大連経由トセシ如ク傳ヘラレシモ、右ハ上海接続トシテ積出サレシモノヲ誤ッテ神戸接続トナシタルモノノ由ニテ依然上海経由輸入ニ変化ナシト。

2（安東支那側電燈廠ノ負債額，七月末現在）

現大洋換算約一〇九万元。

3（安東支那新聞ノ満鉄遼寧省資源調査隊派遣記事）

安東支那新聞東辺商工日報ハ八月十五日奉天通信トシテ「最近満鉄ハ華語ト東北ノ人情ニ通スル社員及専門家一〇〇名ヲ選ヒ華人ニ変装セシメ秘密ニ東北各縣ニ派遣シ礦脈ノ発見・山嶺・河川・人口・道路ノ資源・地理ヲ調査セシメ以テ経済侵略及軍事占領ノ準備ヲナシツツアリ」ノ記事ヲ掲載セリ。

4（銷場税納入済統税ノ免税）

524

奉天ニ於ケル支那側ノ綿糸布業者ハ豫テ銷場税納入済ノ手持商品ニ對シ統税ノ免除方ヲ財政廳ニ申請中ノトコロ今回許可セラレタリト

5（外国ヨリ奉天ニ輸入スル統税物品ノ納税手続）

営口経由ノモノハ営口税局ニ納税シ、大連・安東経由ノモノハ到着地税局ニ納税スルコトニナリオルカ城内ノ荷受人ハ途中ノ見張所ニ於テ貨物ノ名称・数量・発送地・発送人・荷受人等ヲ報告シテ通行証ノ下附ヲ受ケ荷物ノ到著後之ヲ税局ニ持参シテ現大洋ニテ規定額ノ税金ヲ納入ス。

6（蘇聯産石油・揮発油ノ南満進出）

七月三十一日石油二車・同シク八月二日二車、吉海・瀋海線経由南下セリ。又八月七日社線経由通遼向長春ヨリ発送セリ。

尚八月十五日現在在庫品下ノ如シ、　寛城子　二車　吉林向・長春一車　鉄嶺向。

7（安東ニ開備セル満洲木材同業聯合會）

525

525

○政 治

1 (支那側ノ太平洋會議反對熱昂ル)
支那側代表数名辞任ヲ声明ス。

2 (哈市外交協會ヨリ長春外交協會ニ合作提議)

3 (長春国民外交協會国貨提倡委員會)
長春城内大經路ノ長春縣立民衆教育館内ニ設置。

4 (国民政府ハ日貨排斥ノ為東北ニ資金五百万元融通)

5 (南陸相ノ演説ニ對スル支那紙論調)
北平世界日報及ヒ晨報ノ評論。

6 (戴天仇、考試院長及国民政府委員ヲ免セラル―十四日)
原因ハ廣東派ニ加担シタリト云フモ詳細不明。

7 (東政改進會反張学良宣傳) 入手。

8 (奉天支那側赴鮮慰問代表出発)
義捐金約三万元ヲ携帯シテ盧廣績・王化一・趙雨時代表トシテ十八

528

日出發セル筈。

9（撫順縣政府ノ檢林金移轉反對請願書）　入手。

10（班禪喇嘛海拉爾入ノ狀況報告）　入手。

527

527

秘

情報日報　六第一一二号　昭和六年八月廿一日　調査課情報係

商工課長

産業係

○交通

1（四洮局ノ古治炭使用）（鄭公）

七月二五日鄭家屯・茂林間ノ一〇一列ニ試用シタカ、成績不良ノ結果其ノ後ハ使用セヌコトニ決定シタ。

2（中国鉄道ノ中国燐寸同業會加入者製造ノ燐寸運賃低減期間延長）

元来三等貨扱テアルカ、昨年三月一日カラ特ニ四等貨扱トシ期限ヲ本年八月末日ニ限ツタ処、全国柴同業公會ヨリ鉄道部宛ノ請願ニ依リ、更ニ本年末迄本特定扱ヲナスコトニナツタ、尚本特典ニ浴スル全国火柴同業公會加入者数ハ六三軒テアル。

3（吉敦・吉海接軌計画原図）

4（瀋海鉄路瀋陽附属地内劇場買収案）（奉事）

瀋海鉄路ハ其ノ瀋陽附属地繁栄策トシテ劇場ヲ経営セシメ其ノ一部ヲ賭博場ニ充テシメテオツタ処、曩ニ公安局ノ進出以来賭博禁止ノ

528

結果劇場ノミニテハ立チ行カス、経営者カラ買収方ノ請願カアツタカ、鉄路内部テハ買収ノコトニ議決シタ。

5（呼海鉄路ローリングストツク代償未拂ト其ノ処置）

○経 済

1（長春取引所上場大豆検査場擴張懇談會）

長春市場繁栄ノ見地ヨリ長春信託會社発起トナリ十四・十五ノ両日ニ亘リ取引所・商工會議所・国際運輸・特産商・満鉄各関係者集合首題懇談會ニ催セルカ、其内容ハ検査大豆・検査場所・検査標準・検査手續ノ各項ニシテ、指定サレタル検査場所ハ東支線ニ於テハ安達・満溝・哈市・三岔河・窰門・陶頼昭・吉長吉敦両線ハ各主要駅・社線ハ范家屯駅以北。

2（東北製紙工場ノ資金減額）

瀋海鉄路総弁張志良ヲ設立委員長トシ，目下吉林省樺甸縣下ニ設置

528

529

計画中ノ東北製紙工場資金ハ、當初五〇〇万元ト傳ヘラレシモ剌下ノ金融難ニ鑑ミ官憲一〇〇万元・瀋海鉄路官銀号辺業銀行併セテ一〇〇万元・商民一〇〇万元ノ計三〇〇万元ニ減額、既ニ瀋海鉄路ノ出資額五〇万元ハ官銀号ヨリ借入ルルコトニ決定セリト。

○政　治

1（開魯ニモ外交協會）

学界ノ主動ニカカル、今ノトコロ一般市民ニサシタル反響ナシ。

2（蘇家屯駅擴張ニ関シ外交協會反對ス）

3（青島日支衝突ー十八日午後九時）

4（四洮沿線馬賊討伐）

馬賊側ヨリ四洮総局ニ五万元要求ノ威嚇文書ヲ寄セ来リタルタメ洮南駐屯騎兵二箇連討伐ニ向フコトトナレリ。

5（鮮人東方革命軍ノ策動状況）　入手。

6（赤峰縣街市図）

民国二十年五月実測　入手。

530

530

秘

情報日報　六第一一三号　昭和六年八月廿二日　調査課情報係

商工課長

産業係

○交通

1（北寧鉄路貨物等級一部改正）（鄭公）

白灰外五品名ニ對シ等級改正ヲナシ、八月十六日ヨリ実施サレタ。

2（七月中，吉長沿線発吉林逆送穀類数量）（吉公）

合計六一車、内頭道溝発ハ粟一車ノミテアル。

3（伯都納・陶頼昭間狭軌鉄道敷設案―十八日附哈市露字紙公報所載）

（長駅）

東三省特別行政區町村財政局前技師オゾール氏ハ敷設案ヲ吉林省政府ニ提出シタ、建設費金一八〇万円・距離一二〇粁・尚伯都納ニハ三〇万噸ノ特産物集散ス。

○経済

1（駐奉米国商務官ノ更迭）

駐奉米国商務官エイアハートハ今回帰国ヲ命セラレ八月下旬離奉ノ豫定、後任ハ昨年末補佐官トシテ同地ニ活動中ナリシクリストファア

531

531

ースン氏（C. E. Christopherson）。

2（営口油房上半期ノ豆粕主産高ト積出高）

大連油房界ノ不振ナルニ係ラス営口油房界ハ頗ル活況ヲ呈シ、昨年上半期ノ生産高一、四三五、五七〇枚ニ比シ本年度上半期ハ四、四九二、四五六枚ノ生産高ヲ示シ、移輸出方面ニ於テモ又昨年度上半期ノ二、一八〇三〇五枚ニ對シ五、三〇二、六六二枚ノ積出ヲナセリ。

3（本渓湖煤鉄公司中国総弁ノ更迭説）

着任以来経営施設ノ諸般ニ亘リテ刷新ノ実ヲ挙ケツツアル李友蘭ハ、周大文ニ代リテ近ク北平市長タルヘク，其後任ニハ東北辺防軍長官公署顧問佟徳一任命セラルヘシトノ噂アリ。

4（哈市ノ巨商雙和盛ノ休業）

哈市ニ雙和合製粉工場ヲ兼営スル同市毛皮毛革商雙和盛ハ、営業不振ノ折柄火災ニカカリ巨額ノ損失ヲナセル為メ十八日休業セリト。

5（遼寧省政府主席主催ノ金融救済協議）

532

・臧式毅ハ目、不況ニ喘ク一般商工業者ノ救済方法ニ就キ十八日民政・財政・実業各廳及當銀行団長ヲ召シ協議セルカ、更ニ近ク商・工商會主席及各委員・各同業公會主席・銀行業者等ヲモ召集シ再協議スル由。

6 （遼寧実業廳ノ満鉄沿線窯業商租解約密令）
遼寧省実業廳ハ省下各縣長ニ對シ、満鉄沿線隣接各村民ノ對日本窯業用地及同事業権利ノ解約ヲ秘令セリト。

7 （膠済鉄路沿線石炭ノ輸送数量ト輸出屯数，自一月至六月）
輸送数量合計五九九、七二二屯　輸送数量二五一、八九〇屯
沿線需要数量ニハ殆ト変リナク、輸出炭ハ昨年ニ比四五、〇〇〇ノ増加。

8 （八月上旬，吉林穀類及銭鈔市況旬報）

9 （哈市七月，金融経済状況）

10 （七月末，吉林・教化・竜井物價表）

533

533

○政　治

1（奉天駅三等待合室ニ排日ビラ発見－二十日）

2（張学良大連ニ現ハル－十二日）

3（石友三ハ廣東ニ赴ケリトノ説アリ）

4（汪精衛十四日香港ニ赴キ未タ還ラス）

原因ハ陳済棠トノ意見衝突ト云フ。

5（開原ニ於ケル焼酒製造工場ニ罷業起ル－十七日）

6（本渓湖煤鉄公司七月分，工人移動状況調）　入手。

7（膠済鉄路四方工場職工作業時間支配弁法）　入手。

534

㊙

情報日報　六第一一四号　昭和六年八月廿四日　調査課資料係

○交通

1（中国鉄道ノ内外品差別運賃）（青）

八月一日ヨリ実施中ノ鉄道部作成貨物分等改訂表ニハ、従来ノ外国製又ハ進口ノ文字ヲ除キ優等ト普通トニ改メタカ、適用上ノ解釈トシテ本国製造ニ係ハルモノハ普通トシ。外国製又ハ輸入品ハ優等トシテ取扱フコトトシテオル、従ツテ内外品ニ対スル差別運賃ハ依然トシテ従来ト変リハナイ。

2（呼海ノ呼蘭製糖発電所買収）（奉事）

買収ノ上電燈ヲ兼営スル計画テ、既ニ交委ノ認可ヲ受ケ其ノ手続中テアル、其ノ建設費ハ哈大洋一五万八千元、十九年下半期収入ハ現大洋二万四千七百元。同シク支出ハ同二万四千三百元テアル。

3（東支鉄道ノ現状ー昭和六年八月現在）（哈事）

4（八月中旬分，東支各駅発寛城子駅着地方的運輸南行貨物適用運賃諸

535

535

掛啦税捐）　（長駅）

5（遼陽・営口間河運貨物輸送）　（遼領）

本年輸送開始以来八月中旬迄ノ輸送数量ハ、豆粕九〇貨車其ノ他七車テ、鉄道便ニ比較シ一貨車ニ付約金四五円安ノ運賃テアル。

○経済

1（北満ニ於ケル石油・ガソリンノ需給状態）

内容　一、北満ニ需要セラルル燈油ノ種類並ニ用途　二、燈油ノ北満輸入径路並ニ径路別輸入数量　三、品質及價格　四、販売状況　五、取扱店　ノ各項ニ分チ首題ノ現況ヲ詳述セル好資料。

2（遼寧省各縣発行流通券ノ配付）

省政府ハ十六日開原縣政府ニ對シ同券一〇万元配付ノ通令ヲ発セルヲ以テ、商務會長ハ十七日之カ受領ノ為赴奉セリ。

8（奉天城内貿易商組合ノ綿糸統税納入承認）

貿易商組合員上田貞一カ華商トメリヤス取引ヲナシタル処、綿成品

536

ニ對シテモ全部綿紗統稅ヲ必要トスヘキ旨稅捐局ヨリ注意アリタルヲ以テ十七日協議會ヲ催シ種々協議ヲ重ネタル結果大要左記手續ニ依リ適宜納入スルコトトナレリ

一、仕入先ノ仕切書ニ依リ從價五分ヲ納稅ス　二、凡テ邦商ノ申告主義ニ依ルコト。

4（吉長沿線方面ノ釐金類似稅今尙徵收中）

吉長鉄路局ヨリ交委會ニ呈報セル文書ニ依レハ、吉長沿線方面ニ於テハ未タ通過稅的釐金類似稅カ撤廢サレオラス。

○政　治

1（南京廣東妥協望薄シ）

蔣ハ宋慶齡・張継・吳鉄城ヲ通シテ政治的妥協ヲ望ミ居ルモ廣東側ハ強硬ニ蔣ノ下野ヲ条件トシテ對峙シアリ。

2（汪精衛尙香港ニ在リ）

汪ノ香港行キハ廣東政府内部ノ暗雲ヲ示スモ陳濟棠トノ和解ハ容易

537

ナルモノノ如シ。

3

（山西政局内面）

混沌トシテ奉派・蒋派ノ買收懐柔ノ暗中飛躍アリ、閻錫山ノ反蒋派

糾合當分望ナシ。

4

（鳳凰城支那側乘用馬車夫同盟罷業一八月十六日）

原因ハ支那側税捐局ニ對スル營業税値下要求。

5

（北平共產党活動情況調査表）　入手。

538

538

秘

受 6.8.26 商工課

商工課長

産業係

星野 6.8.26

受付 6.8.26 商産

情報日報　六第一一五号　昭和六年八月廿五日　調査課資料係

○交通

1（四月以降吉長頭道溝站発吉林向麦粉発送数量）　（長駅）

四月一九〇〇〇砘・五月一八三七砘・六月一九八六砘・七月一一、一〇六砘・八月（下旬ヲ除ク）一八三〇砘。

2（河北紅草窪碼頭作業開始）　（営地）

新碼頭三二五呎ハ既ニ五月中ニ完成シタカ、今回倉庫・引込線等ヲ除イテ繋船設備及公事房カ竣工シタタメ、北寧ハ八月廿五日ヨリ繋船作業ヲ開始スル旨関係個所ニ通知シタ、尚同日ヨリ九月卅日迄ハ繋船料ヲ更除スルコトニ成ツテオル。

3（廿一日現在奉天、城内外穀類在貨数）　（奉商）

大豆一五七車・高粱一一五三車。

4（平漢駐平弁事処長交迭）　（北公）

沈庸ハ罷免セラレ後任トシテ同路車務処長関[illegible]麟カ処長代理兼務ヲ

539

命セラレ、十七日事務引継ヲ了シテ就任シタ。

5 （七月中吉林ニ於ケル各鉄路発送車数） （吉公）

吉長吉林站発五六五車（三〇%）ー吉敦発連絡南満向六四四車（三四%）ー吉海東站及総站発六六四車（三六%）ー計一、八七三車。

6 （東鉄使用軌条破損） （哈事）

7 （北寧・開灤ノ新契約商議） （北公）

鉄道時報所載ト石炭輸送契約ハ既ニ六月ヲ以テ満期トナリ、開灤側ヨリ更ニ継続方ノ申出カアツタノテ、北寧ハ総稽核陳廷均ヲ・開灤ハ総務処長菅受爾（英人）ト秘書羅旭超トヲ各代表トナシ正式商議ヲ開クコトトナツタ。尚鉄道部ハ業務司長関賡麟ヲ監督トシテ赴津セシメタ。

8 （八月上旬分，吉長各駅発逆送穀類） （吉公）

頭道溝発一七車・下九台発一二車・其ノ他各駅発一二車 計四一車、何レモ営口向テアル。

540

540

○経　済

1（哈市蘇聯商事代表部ノ大連石油店開設説）

哈市蘇聯商事代表ラズウモフスキーハ過般来連八月二日帰哈セルカ、右ハ今回大連ニ蘇聯石油販賣店開設ノ為メナリト。

2（哈府石油乾溜工場建設工事ノ遅延）

右工場ハ一九三二年七月一日完成ノ豫定ナルモ本年七月一日ニ至リ漸ク建設地ノ測量ヲ終ヘタル始末ニテ、右豫定期限内ニハ完成覺束ナシト。尚本工場完成ノ曉ハ一ケ年八〇万屯ノ蒸溜能力ヲ備ヘ、容積二万屯ノ石油貯藏池二五ヲ有スルニ至ルモノナリト。

3（支那側電気事業ニ對スル營業税免除）

遼寧省ハ支那側電気事業ニ對シ營業收入ノ一、五%ヲ毎月營業税トシテ課シツツアルカ、目下斯業極度ノ不振ニ鑑ミ海城電燈廠並ニ鄭家屯華興電気公司ニ對シ夫々免除方手配中。

4（附屬地支那商ニ對スル營業税納入督促）

541

541

奉天附属地来實商華商場数詳ハ営業税納入ノ手続ノミヲ了シ未タ五月分ノ斯税ヲ納付セザリシトコロ省城税捐局ハ八月十八日税吏ヲ該商店ニ派シ五・六両月分ノ営業税ヲ納付スルヨウ督促スルトトモニ五月分賣上高ヲ調査セリ。

5 （流通債券ノ増額要求）

各縣ノ金融緩救済ノ為メ遼寧省政府ハ今回流通債券五〇〇万元ヲ発行シ九月一日迄ニ各縣ニ分配スルコトニ決セルカ、各縣ヘノ割當ハ最高二〇万元普通一〇万元内外ニテ目下ノ急ヲ救フニ足ラス。最近瀋陽縣以下一〇余縣ハ其増額方ヲ省政府ニ申請シ来リシカ省政府ハ近ク委員會ニ附議スル筈。

6 （遼寧実業ノ日貨調査命令）

遼寧実業廳ハ二十日附ニテ省下各縣ニ對シ、日貨中最モ多ク輸入サルル商品種目及支那製品ニ對シ最モ打撃ヲ与ヘツツアル競爭的日貨品目ヲ至急調査報告スルトトモニ日貨ニ對シソレソレ對抗準備セヨ

542

トノ命令ヲ発セリ。

7 （奉天城内貿易商組合ノ六月分営業税納入）

該組合ハ先ニ五月分営業税ヲ納付セルカ過ル二十日六月分ノ営業税ヲ納入セリ。

8 （毛遇風ノ夾皮溝金鉱報領再却下）

美渭郷ヨリ願出ノ鉱区ト重復スル疑アリトテ再却下サル。

9 （吉林省政府ノ寧安県所在金鉱開採計画）

吉林省政府ハ昨年末省下金鉱ノ開掘調査中ナリシカ、今回寧安県下五虎林及西偏臉子ノ両金鉱ヲ開採スルコトニ決シ、財政庁ヨリ開弁籌資トシテ吉洋四〇万元ヲ支出・明年度ヨリ開採ニ着手スルコトトナレリ。

10 （営口ニ於ケル英米煙草統税問題）

11 （瀋陽県債券発行弁法）

543

○政治

1（宋慶齢ノ赴廣）

蔣ノ依頼ニ依リ近ク赴廣スルモ如何ナル態度ヲ採ルヤ目下不明。

2（第三党ノ鄧演達）

去ル十七日上海共同租界ニ於テ捕ヘラレ十九日上海警備司令部ニ引渡サレ銃殺サルル筈ノトコロ宋慶齢ノ斡旋ニ依リ死ヲ免ル、慶齢ハ元、鄧ト共ニ第三党ヲ形成セリ。

3（綏遠省政府主席更迭）

李培基ノ後任ニ傅作義ー八月十八日附、原因ハ商震失脚ノ為。

4（中国共産党平津冀行動委員會）

執行委員決定。

5（中国共産党鉄路総工會分會）

天津・唐山・山海関・豊台　各分會ハ八月十五日成立、執行委員名簿入手。

544

6 （華北紅軍調査表）入手。

7 （東支鉄道職業同盟ノ指令）入手。

8 （在哈蘇聯商事機関内ノソ聯C・P・党関係者及ソノ職務調）入手。

9 （南京外交部ノ国際宣傳部組織）ニ関シ
開原縣ニ通令達シ、全国各縣ヨリ委員四名ヲ選セヨト云フ。

10 （青島事件ニ関シ各地党部機関紙ハ頻ニ逆宣傳ヲ行フ）

11 （東北各大学生ノ夏期在郷反日宣傳盛ナリ）
法庫門ニ於ケル東北大学生ノ鉄道交渉反對宣傳ビラ入手。

12 （天津市商會對日経濟絶交章程）入手。

13 （暴友聯盟組織）
北滿鮮人無政府主義者ノ組織内容入手。

545

545

秘

受付 6.8.28 商工課

情報日報　六第一一六号　昭和六年八月廿六日　調査課情報係

商工課長　　産業係

6.8.29

○交通

1（一九三一年二・三両月中・発駅別東支穀類輸送高）

2（黒河ヲ中心トスル上下流郵站馬車運行事情）（斉公）

3（太子河水運利用）（国際）

遼陽・営口間ノ水運ハ鉄道便ニ比シ相当有利ナルカ、現在匪賊横行ノタメ殆ト利用スルモノナキモ、高粱ヲ刈取リ危険期ヲ脱スレハ水運利用カ増加スルモノト見ラレテオル。

4（四路聯絡提貨単利用）（国際）

八月一日カラ実施サレテ居ルカ未タ請求者モ無イ模様テ、糧桟側ニツイテ其ノ意見ヲ綜合スルニ、現在ハ特産ノ端境期ニ入リ金融円滑ナルニ付不必要ナルモ、今後出廻期ニ向ヘハ之カ利用者激増スヘク、一般ニ今後ヲ期待シテ居ル模様テアル。

5（寛城子発北満向石炭発送数量）（長駅）

星野 6.8.29

受付 6.8.29 商産

546

四月―五四五廰六・五月―四〇廰七・六月―五四五廰六・七月―五〇二七廰一（内撫順炭一、一三六廰）

6（伯都納・大賚地方特産出廻事情）（長駅）

○経 済

1（廣東政府ノ石炭賦課税取消）

石炭賦課軍費徴收ハ財政廰ヨリ発表セラレタルモ、石炭同業組合カ主動者トナリ猛烈ナル反對運動ヲナシタル結果、八月二十日政府ハ全文ノ取消ヲ発表セリ。

2（営口河北紅草窪碼頭ニ海関分関設置）

山海関監督ハ八月二十一日附ニテ首題碼頭ニ営口海関分関開設ヲ佈告セリ。

8（米国過剰小麦支那輸入説ニ就テ）

米国ノ過剰買上小麦約二億万ブッセルノ内約三千万ブッセル（時價ニテ約六千万両）ヲ長期ノクレジットニテ支那ニ輸入スヘキ商談進

547

547

行中トノ說アルモ、消息通ノ觀察ニ依レハ其ノ実現性ハ覚束ナシト。

4（蘇聯石油ノ南滿進出狀況）

首題ヲ長春・四平街・奉天・大連ノ各地方別ニ記述セルモノ。最近ニ於ケル該品ノ大連入荷数量左ノ如シ

五月二十五日　石油　二千箱・六月二十二日　ガソリン　五千箱・

八月二十一日　石油　一万箱——総テ浦塩発海路大連港著。

5（奉天佛亞銀行支店ノ引揚準備）

奉天商埠地南市場所在ノ佛亞銀行（本店巴里）ハ得意先ヲ花旗・滙豊ニ奪ハレ業績振ハス目下引揚準備中。

6（奉天ニ於ケル支那側鉄工業ノ近狀）

內容ヲ(一)製品(二)材料(三)同業者　ニ分チ斯業ノ現狀ヲ詳述セルモノ。

7（上海為替金融標金市況月報七月号）

8（鉄嶺振興會ノ滿鉄消費組合並ニ関東廳購買組合改組運動）

9（遼寧省政府ノ各所屬機關ニ對スル国貨使用命令）

548

548

秘

6.8.31 商工課

情報日報　大第一一七号　昭和六年八月廿七日　調査課資料係

○交通　　商工課長　　産業係

1（洮海鉄路聯絡貨物比較統計表，五月分）

2（河北運送公會ノ貨物取扱費改正）　（営地）

従来料金協定ノ違反者ニ対シ罰則ヲ設ケアルモ励行セラレス最近殊ニ競争ノ弊害多キ為、各運送店協議ノ上違反者ニハ取扱費ノ五倍ノ罰金ヲ課スルト共ニ次ノ料金ヲ協定シ八月一日ヨリ実施シタ、穀類ー現洋二五元（報棧費・貨車卸・戎克積費一切ヲ含ム）　豆粕ー仝三〇元（仝）　麦粉ー仝二五元（報棧費・陸揚費・貨車積費一切ヲ含ム）　塩ー一八元（但シ河北陸揚費ヲ含マサル習慣）。

皇野 6.9.2

3（吉長頭道溝発河北向逆送穀類数量）　（長駅）

自十一日至二十二日ー三五車。

4（寛城子駅糧木稽査処設置）　（長駅）

昨年二・三月頃吉林省財政廳ハ南下穀類・木材ノ脱税防止ノ目的テ、

549

549

東省特別區警察當局援助ノ下ニ寛城子駅テ稽査ヲ行ハントシテ沙汰止ミニナツタコトカアルカ、今回再ヒ寛城子及綏芬河両地ニ於テ之カ実施ノ計画ヲ企テ目下東支鉄道ニ同意ヲ求メテオル。

5（松花江下流河豆ノ河運輸出）

奉天當局ハ之ヲ禁止シテオルカ、依然トシテ其ノ積出カ行ハレテオル。

6（交委制定、交通用品製造廠紀要・規程及收支豫算）　（奉事）

○経　済

1（武市近況）

(1)全蘇赤衛軍総司令官ノ来武　(2)反宗教大学開設　(3)食糧及薪材ノ欠乏　(4)重税ノ追求

2（安東支那側電燈廠ノ官商合弁認可説）

八月二十一日附東辺商工日報ニ依レハ、豫テ改組方ヲ省政府ニ申請

550

中ナリシ同電燈廠ハ此程官商合弁ニ改組認可セラレ目下縣政府ニ於テ弁法擬定中ナリト。

3（蓋平城内邦商ニ對スル中国側ノ営業税徴收）

八月十五日蓋平城内居住邦商笹山卯三郎・木村国太郎両人ヲ税捐局ニ呼出シ、五・六・七三月分ノ営業税トシテ前者ヨリ大洋一〇元後者ヨリ同六元四〇角ヲ各々納付セシメタリ。

4（附属地購入品ニ對スル仕切書ノ厳重検査）

從来商品ノ仕切書ニハ總テ印花ヲ貼付セシムルコトニナリオルカ附属地商人ハ之ヲ貼付セサル為メ城内ノ買主ニ貼付セシメオリシトコロ、財政廳ニ於テハ此回附属地ヨリ購入セシ商品仕切書ノ検査ヲ一層厳重ニ励行スルヨウ各税局ニ命令セリ、其目的ハ印花税ノ徴收ヨリモ寧ロ附属地ノ経済封鎖ニアリト。

5（吉林ニ於ケル穀物及銭鈔市況旬報・八月中旬）

6（南京政府実業廳ノ模造品厳禁方訓令）

551

551

7（廣東省ノ煙草專賣条令）

8（土貨輸出税取扱ニ関スル海関ノ公示）

○政　治

1（蔣介石再ヒ九江ニ赴ク—二十二日）

原因ハ湖北・江西ノ紅軍反攻セルタメ。

2（学良ノ商・宋軍移駐計画）

商震軍　石家荘・順徳・邯鄲　（総指揮部ハ順徳ニ置ク）

宋哲元軍　旧石友三軍地盤　（河間方面トモ云フ）

高桂滋軍　順徳西北方武安

右ハ山西・西北軍ヘノ苦肉策ナリ。

8（石友三軍亡命將領ノ所在）

石友三、羊角溝附近ヨリ海路廣東ニ赴キタリト云フモ済南ニ在ルモノ、如シ。張学成、大連ニ潜伏中。劉桂棠、行衛不明ナルモ済南ニ在リトノ説アリ。

552

4 （在哈露国共産党、縣委員會ノ委員・組織及組織部ノ編成・業務）
ニ関スル調、入手。

5 （密山地方開発狀況ニ関スル資料） 入手―東省雜誌一九三一年七号
所載飜訳。

6 （武漢方面ノ反日運動）
水害ノ為具体的活動ナシ。

7 （日貨排斥ニ関スル東北政務委員會訓令） 入手。

8 （鳳凰城乗用馬車罷業解決―十八日）

9 （間琿地方共匪ノ情況） 入手。

10 （間島ニ於ル中国側ノ共匪取締ニ伴フ不法行動調査表） 入手。

553

秘

受付 6.8.31 商工課

調査課資料係

情報日報　六第一一八号　昭和六年八月廿八日

商工課長　産業係

○交通

1（北寧路新採用練習生ヲ奉天省内各沿線ニ配属）（北公）

北寧路局ハ上海交通大学卒業生二五名ヲ練習生トシテ採用特ニ営口其他奉天省内各地駅ニ派遣スル事トシ、王運輸処長ハ満鉄ノ利権回収ヲ目標トシテ努力ス可キ旨激励シタ。

2（北寧河北站着発貨物数量表八月上旬分）（国際）

○経済

1（石炭會議開催）

上海煤業公會ノ請願ニカカル支那全国石炭及鉱業會議開催ノ手告決定セル由、右ハ外国人ノ石炭業独占ニ對抗シ支那石炭業ノ発展策ヲ講スルモノナリト－八月二十二日、チヤイナ・プレス

2（大連港ニ於ケル二重課税ト英米煙草ノ営口陸揚）

大連港ニ於ケル二重課税問題発生以来従来主トシテ大連ニ陸揚シ来

554

リシ英米煙草ハ営口主義ニ変更セルカ、本年四月二十九日以降八月十日迄、同社営口陸揚数量・品種左ノ如。

巻煙草三五五屯・葉煙草四四二五屯・煙草材料二三八屯　合計五〇一八屯。

3（八月中旬中南支商況ー其後ノ排日貨状況）

4（吉林日華木材商名簿）

○政治

1（蒋介石二十三日南昌著）

2（張作相、東北辺防軍司令長官代理辞任ヲ申出テタリト）　真偽不明。

3（武漢地方水害ニ對スル各国ノ同情）

日本皇室ヨリ支那災民ニ一〇万円・日本災民ニ一万円御下賜、米国赤十字社ヨリ米金一〇万弗、米大統領及海相ハ亜細亜艦隊ニ救済援

555

助ヲ命ス。

南京政府ハ水害公債一、〇〇〇万元発行ヲ議シ、河北省ニ五〇〇万元引受ヲ要求ス、尚同政府今日迄ノ救済支出数一〇〇〇万元ニ達シ、米国ヨリ麦粉借入契約ヲナセリ。

4（北平東北問題研究會ノ内容調）入手。

556

情報日報　六第一一九号　昭和六年八月廿九日　調査課資料係

○交通

1（長春・吉林両地邦人材木商ノ朝鮮鉄道材木運賃割引方請願）
奥地邦人木材商ニ對スル援助並鉄道收貨政策ノ一端トシテ其ノ割引方ヲ請願シタ。

2（増訂吉林地理紀要）（吉公）

3（双陽・煙筒山間ノ自働車道路築造計画）（吉公）

4（東支ニ納入セル独乙軌条ニ對スル露字公報ノ攻撃）（哈事）

5（瀋海鉄路総弁交迭説）（奉眾）
瀋海鉄路公司総弁張志良ハ東北省塩運使ニ擢セラレ、後任ニハ現協理沈振栄又ハ現遼寧外交特派員王鏡環ノ呼声カ高イ。

6（高紀毅ノ動靜）（北公）
高紀毅ハ目下北平ノ私宅ニ止宿中ニテ、同人ノ協和医院入院説ハ日

557

557

本ニ對スル宣傳ナル可シト。

7 (東北礦務局ノ民間鉄道及炭鑛ノ経営妨害)

東北礦務局ハ民間ノ経営ニ係ル打通線芳山鎮・孫家湾間軽便鉄道ノ敷設並同地方炭鑛経営ヲ喜ハス、交通委員會ヲ通シテ厳重ニ取締ル事トナッタ。

8 (満洲大豆ノ蘇聯経由歐洲輸出ニ對スル露紙論評) (哈事)

東鉄並歐洲鉄道運賃及大豆相場ヨリ推シ採算上大豆ノ陸路歐洲向輸出ハ不利ト論断ス。

9 (中国留学生ノ外国工場派遣実習) (奉事)

南京政府教育・実業両部ノ提案テ庚子賠償金ヲ以テ外国ヨリ機械材料購入ノ際ハ交換条件トシテ中国留学生ヲ当該工場ニ派遣実習セシムル様鉄道部ヨリ東北交委ニ指令シタ。

10 (四洮鉄路西遼河橋梁架設工事費ノ紛争)

目下工事中ナル四洮鉄路西遼河架設工事ハ大倉土木組ニテ請負ヘル

558

モ交通委員會ニ對スル手續不完全ナリシ為同會ニ於テ問題トナリ委員長代理鄒致權ハ板挾ミトナリ其処置ニ窮シテ居ル。

11 （瀋海鉄路朝撫支線建設費豫算並ニ図面）

12 （吉林地理紀要） 入手。 （吉公）

○経 済

1 （北満ニ於ケル木材取引事情）

北満材ノ產地・材種・北満材出廻高・市價並運賃諸掛・取引慣習並條件・北満各地ニ於ケル木材取引現狀・木材業者。

2 （北満ニ於ケルセメントノ需給狀態）

北満ニ輸入セラルルセメントノ種類並取扱商・各種セメントノ北満

559

輸入数量・包装・生産能力・品質並規格・値段・需要狀況。

3 (林鶴皐ノ計画セル吉林農民銀行ノ設立ハ不許可ニ決定)

4 (附属地商務會ニ営業税納入要求)

税捐局ハ安東附属地商務會ニ對シ、附属地華商ノ営業税ヲ請負方法ニテ納入セヨト要求シ、商務會長ハ日本側ト協議ノ上回答ノ旨答フ。

5 (八王寺啤酒汽水醬油公司ノ増資)

奉天ニ於ケル支那側唯一ノビール工場タル同公司ハ最近原料ノ大麦・大豆購入ノ為メ官銀号ヨリ現大洋一〇万元ヲ出資シ、官銀号ノ前會弁曹仲珊ヲ八王寺ノ總弁トシ露人技師ヲ独乙人ニ替エテ生産能力ヲ上ケルコトニシタ。將来ハ日本技師ヲモ招聘スル豫定。

6 (瀋陽市営業市場計画)

大西関晋堂・大東門外・小東門外・九門ノ四ケ所ニ建築費、現洋二〇万元ニテ設置スル豫定。

560

7（辺業銀行奉天・営口ノ兩地ニ倉庫建設）

遼寧辺業銀行テハ今秋カラ奉天・営口ノ兩地ニ倉庫ヲ設立シ商品担保貸付ケニ便シ同時ニ瀋海・四洮・東支沿線ノ各特産出廻地点ニ糧棧ヲ設置スルコトニナツタ、從ツテ今秋該銀行ノ資金ハ大部分特産物ノ附属営業ニ振向ケラルルモノト観ラル。

8（新昌号露国石油販賣開始）

既ニ二五〇〇罐ヲ販賣シ、尚二五〇〇罐ヲ南満倉庫ニ保管中。該石油ヲ城内ニ搬入ノ際ハ国民政府ノ命令ニ基キ輸入税以外ハ一切免除サル。

9（南方各地ニ於ル統税及営業税ノ実施状況）

天津・青島・上海ニ関スルモノ。

○政治

1（陳友仁廣東帰着ー二十三日）

2（支那各軍配置要図ー八月十二日現在）　入手。

561

561

3 （第三党領袖鄧演達ハ南京ニ押送セラレタルモ未タ処刑決セス）

4 （廣東国民党党務執行部）

中央執行委員　劉フイン・周湘・趙劍光・馬超俊

天津執行委員　胡宗鐸・覃振・傅汝霖・鄒魯

北平党務特派員　譚筱琴・林定生・金某

5 （開魯外交協會分會成立）一八月十六日。

6 （外交協會ハ日本側使用中国人ニ辞職勧告ヲナス）

7 （遼寧兵工廠ノ日露両国技師ヲ解雇セントストノ説アリ）

8 （遼寧常職促進會、国貨提唱宣傳計画ヲ決定）

9 （「由万寳山事件説到東北存亡」ナル排日册子）入手。

10 （朝鮮事件ニ関スル排日教育繪画）

各学校ニ配布セラル、出所ハ遼寧民政廳。

562

11 （国民政府外交部ノ排日取締通電）

吉林省政府ニ達ス－二十二日。

12 （支那側、中村大尉惨殺事件ニ関シ新聞ノ宣傳批判ヲ禁ス）

13 （中村大尉事件ニ関スル張学良ノ態度）

学良ハ臧式毅ニ對シテ、日本側ハ該事件ニ関シ、各種証拠ヲ握リ居リ日本朝野ノ輿論強硬トナリタルニ付公正ナル調査ヲ為シタル上陳謝・賠償・処罰ヲ行フヲ得策ナリト密令ス。

14 （青島事件解決）

一、市政府遺憾ノ意ヲ表ス　二、犯人ノ処罰（目下逮捕取調中）　三、將来ノ保証ヲナス（口頭）　損害賠償ニ関シテハ保留セラル。

15 （鮮人国民府ハ共産党防遏ノ為柳河地方ニ戒厳令ヲ施行）八月一日ヨリ。

16 （国民府系朝鮮革命軍ハ軍費徴収ノ為在長春鮮人ヲ脅迫ス）

563

563

17（北平紅卍字會水害救済會議召集計画）

18（遼北縣市井區劃決送）
地址ハ余波拉吐、縣城都市建築計画決定、地價評定表入手。

19（民国十九年度中国海外留学生数）

留学先	官費生	私費生	計
英	二〇	三四	五五
米	七〇	二〇一	二七一
独	九	七五	八四
佛	五	一六八	一七三
日	三八	七八八	八二六
白	一	五九	六〇
奥	一〇	四	一四

564

564

秘

情報日報　六第一二一号　昭和六年九月三日　調査課資料係

○交通　　商工課長　　産業係

1（吉海貨物積卸苦力供給請負契約）　（吉公）

2（營口向遼河舟運河豆ノ出廻比較）　（營地）

本年度一―三月　三二米屯・四月　三、九六一・五月　四、八七〇・六月　九、一七四・七月　三、七五一　計二一、七八八米屯、昨年度一―三月　ナシ・四月　二、七二七・五月　二、六〇〇・六月　一、二六六・七月　九、一一〇　計一五、七〇三米屯。現在テハ匪賊ノ横行ニ依リ戎克ノ航行ハ杜絶ノ状態ニアル。

3（長春駅並吉長四駅大豆出廻概勢図表）　（長駅）

4（北寧鉄路貨車附添人乗車新規定ニ對スル反對）　（奉駅）

八月一日カラ実施スルコトニ成ツテオツタカ、皇姑屯轉運公會ハ各地ト聯絡ヲトリ新規則ニ反對ノ意見ヲ表示シテ新規則ニ據ラス、従前通普通乗車券ヲ購入シテ貨物附添ヲシテオル。其ノ反對意見ハ一、大

565

洋三元ノ手数料ハ不當ナルコト　二、附添人証各店一枚宛ニテハ繁忙期ニハ殆ト其ノ用ヲ為サザルコト。

5（東北交委ノ長江水害義捐金募集）　（奉事）

6（營口河北支那側棧橋竣成）　（大汽）

北寧鉄路局直營營口河北棧橋竣成シ八月二十五日ヨリ使用ヲ許可セルヲ以テ、今後特産及其他貨物ニハ支那汽船ニヨリ盛ニ利用セラルル見込。

7（鄒致權ノ轉任説）　（奉事）

東北交委路政処長兼委員長暫行代理鄒致權ハ近ク平漢鉄路北平弁事処長ニ轉任スヘシト。

8（東北交委ノ打通沿線移民計画）

交委ニ於テハ打通沿線荒地ニ南方避難民ヲ移住セシムル計画ヲ樹テタカ、遼寧省政府ニテハソノ計画膨大ナルト同地方地味肥沃ナラサルヲ以テ結局失敗スルモノトノ見込ニテ当分作業ヲ見合スヲ得策ス

566

トノ意向デアル。

9　（打通線給水設備改良案）　（奉事）

北寧路ハ本年冬季特産輸送力ノ充実ヲ計ル為、打通線彰武・通遼二ケ所給水設備改良方東北交委ニ申請シタ。

567

567

○経　済

1 （吉林ノ特産界ニ於ケル官商）

内容ヲ　一、永衡糧棧ノ組織及資本　二、買付方法及手先糧棧ノ操縦法　三、鉄道トノ関係　四本年度ノ活躍状態　五、官銀号トノ計算関係　ニ分チ永安号系糧棧ノ活躍状況ヲ詳述セル好資料。

2 （遼寧省政府ノ各縣流通券発行延期）

省政府ハ諸種ノ準備遅延シタルヲ理由トシテ九月中旬迄発行ヲ延期スル意嚮ノ由ナルカ、其ノ眞因ハ紙幣ノ濫発ニ伴フ金融ノ混乱ヲ出来ルタケ軽減スル為新穀出廻期従テ資金ノ需要期迄発行ヲ延期スル状ノ如シト。

3 （大阪工業家ノ満洲進出一時見合）

原料仕入難等ノ為、大阪工業家ノ満洲進出ハ一時見合ノ態。

4 （遼寧省政府ノ外人青田賣買禁止命令）

遼寧省政府ハ八月三十一日各縣知事ニ對シ青田賣買厳禁ノ命令ヲ発

568

568

セルカ、其ノ目的ハ外人ノ青田賣買ヲ禁止スルニアルモノノ如シ。

5（遼寧紡紗廠ノ代理店）

同紡紗廠ハ今回奉天城内直営販賣所ノ下ニ左記三軒ノ代理店ヲ設ケ十梱以内ノモノハ総テコノ代理店ニ於テ販賣スルコトトナレリ。

第一代理店　大北関　徳興和・第二代理店　小西門　中順公・第三代理店　皮行胡堂　同増茂

6（蘇聯石油ノ對満進出ニ関スル米国商務官ノ報告）

7（遼寧財政廳ノ附属地華商ニ對スル營業税徴收命令）

8（廣東政府ノ石炭附加税取消経緯）

9（国際貿易局組織条例訳文）

569

569

△人事移動

1 孫桐萱 剿赤軍総豫備集團軍第二軍團総指揮トナル（八、一）

2 蔣作賓（元駐独公使勤オーストリア国公使国際聯合會第十二次大會代表）駐日公使ニ決定（八、七）正式発表（八、一三）サル。

3 王廣圻 波蘭公使ニ決定シ（八、七）正式発表（八、一三）サル。

4 商震 山西省主席辞任ヲ表明ス（八、八）

5 陳中孚 廣東政府東北宣撫使ニ任命セラル（八、九）

6 徐永昌 山西省主席代理ニ任命セラル。商震同省主席辞任許可セラル（八、一一）

7 馬麟 青海省政府主席代理ニ任命セラル（八、一一）前主席馬麒ハ病死（八、一一）

8 吳凱声 瑞士公使代理ハ公使ニ昇任、同時ニ国際聯合會第十二次大會代表ニ任命セラル（八、一一）

9 何其鞏 安徽省政府委員被命（八、一）

10 甘粛省政府委員移動（八、一〇）

570

570

「免職」劉郁芬　楊慕時（兼建設廳長）　李家臣　葉蓉（兼民政廳長）　鄭道儒（兼教育廳長）　趙元楨　韓駿傑（兼司法廳長）　馬麒　張允榮　席聘　李朝傑

「任命」馬鴻賓（兼主席）　楊思（兼民政廳長）　譚克敏（兼財政廳長）　張維（兼建設廳長）　水梓（兼教育廳長）

劉世俊　賈纘緒　馬文車　李朝傑

11 関荷麟

（平漢鉄路車務處長）平漢鉄路駐平弁事處々長兼務トナリ八月十六日赴平視事

12 クリストファーースン　昨年末駐奉米国商務補佐官トシテ活動中デアツタカ此度補佐官ニ被命、前補佐官エイアハートハ帰国ヲ命セラル（八、二）

13 傅作義　綏遠省政府代理主席。　前主席李倍基依賴免職（八、一九、国府令議決）

14 国民政府水災救済委員會ノ成立ト組織

委員長　宋子文　（財政部長）

571

571

委員　劉尚清（内政部長）

同　孔祥熙（実業部長）

同　許世英（賑務委員会委員長）

同　朱慶瀾（西北賑務担當者）

15 張之漢（東三省塩運使）病死（八、一八、）後任未定。

16 鄧演達（国民黨左翼共産派巨頭）軍隊煽惑邦家擾乱ノカドヲ以テ上海ニテ逮捕（八、一七、）南京ニ護送セラル（八、二一、）

572

572

秘

受付 6.9.4 商工課

情報日報 六第一二〇号 昭和六年九月二日 調査課資料係

受付 6.9.5 商産

○交通

1（双陽・煙筒山間ノ自働車道路築造計画）（吉公）

豫テ自働車道路修築計画ニ就イテ双陽縣民ハ、双陽・長春間ノ築路ヲ要望シテオツタカ、省政府ハ之ヲ排シ吉海鉄路ノ営業発展ヲ謀ル見地カラ、双陽・煙筒山間ニ施行スルコトトナリ、近ク其ノ起工ヲ見ル豫定、全線九〇支里、停車場設置地点－双陽・燒鍋街・煙筒山、豫算吉大洋二万五千三百四十元。

2（東四路聯運貨物輸送成績）（奉駅）

本年一月開始以来其ノ取扱車数ハ、輸送盛期ニハ一日平均約七〇車・現在ニ於テモ二〇車前後ト云フ好成績ヲ挙ケテオルカ、一方荷物不足其ノ他ノ事故カ絶ヘス常ニ各鉄道間或ハ鉄道荷主間ノ紛擾カ絶ヘナイ。

3（農安縣及德惠張家湾両商會運賃低減請願）

曩ニ南京ニ於テ開催サレタ全国商運會議ニ両商會ヨリ請願カアツタカ、其レニ関シテ今般鉄道部ヨリ東北交委ヲ通シ吉長鉄路ニ意見具申方指令カアツタ。

4（八月下旬分、東支各駅発寛城子駅着地方的運輸南行貨物適用運賃諸掛税捐）（長駅）

573

573

5（吉海経由麦粉輸送計画ニ関スル支那側調査各鉄道運賃比較表）（奉駅）

6（東支鉄道全従事員数増減）（哈事）
一月一日現在－蘇聯籍九二九四名・支籍支那人九〇三九名・同露人
七七四名　計一九一〇七名、七月一日現在－蘇聯籍七六五三名・支
籍支那人九四六六名・同露人五五〇名　計一七六六九名　差引減一、
四三八名。

7（河北発奉天着両路経由石油運賃諸掛比較表）（奉駅）

8（東支鉄道荷役状況調査報告）（長駅）

9（東北鉄道用品課税問題）（奉公）
近来遼寧財政庁ハ各鉄道用材料ニ容赦ナク徴税ヲ始メタノデ、各鉄
路局カラ異議ヲ申出テタルモ、政務委員會ハ省財政困難ノ理由テ従
前通リ徴税方交委ニ通牒シタカ交委ハ高紀毅ニ請訓中テアル。

10（交委ニ對スル各鉄路経費分担額）（奉公）

11（四洮鉄路局工事施工手続ノ不備）
四洮鉄路局ハ西遼河橋架設工事以外ニ交委制定ノ手続ニヨラサル工
事アル為交委ハ之カ根本処置ニ関シ高紀毅ニ請訓スル筈テアル。

12（洮昂局購入満鉄石炭代）

574

洮昂局ニテハ財政困難ノ為メ満鉄石炭代ハ短期借款トナス意向テアル。

13（平漢鉄路使用石炭内容）　（北公）

14（中国航空公司近況）　（上事）

一、京平線　八月二十二日カラ営業開始ノ豫定テアッタカ、南京並北平ノ飛行場カ浸水シタタメ、何時開始出来ルカ豫想カ着カナクナッタ、尚起工中ノ天津飛行場ハ已ニ完成シタ。二、滬漢線従来通リテアルカ、水害以来郵便物ノ輻湊ヲ見テイル為、旅客ヲ毎機二名ニ制限スルコトトシ現在実施シテオル。三、漢口―重慶線準備ハ完了シテイルカ、何時カラ飛行スルカハ天候恢復後テナクテハ判明シナイ。四、上海―廣東線　目下日本ヘ飛行中ノリンバークニ依頼シテ本航空路ヲ開拓シテモラフコトニ決定シテオル。

15（京平線飛航時刻表並賃金表）　（上事）

16（東北鉄路大観）入手。　（吉公）

17（黒竜江官銀号ノ歐洲向大豆直輸出計画）　（国際）

18（開豊鉄軌汽車公司ノ商民トノ事務連絡ニ関スル懇親會開催）　（開地）

開豊鉄軌汽車公司ハ東北交委ノ指令ニヨリ事務上ノ連絡事故ノ防止ヲ計ル為、鉄路沿線各地ノ正副村長有力者ヲ招待懇親會開催ノ豫定

575

575

19 （開豊汽車公司ノ満鉄開原駅状況調査）

20 （在河北東北鉱務局ノ活躍）　（営駅）

東北鉱務局ハ南支方面ニ西安炭販路ノ拡張ヲ計ル目的ヲ以テ南支航路線ノ繋留場タラシムル為、大洋一万元ヲ以テ桟橋架設工事ニ着手。

21 （洮索局レール購入ニ関スル張局長ノ談）　（奉事）

22 （朱光沐ノ暗中飛躍）　（奉事）

朱光沐ハ交委委員長ノ地位ヲ獲得ス可ク目下運動中デアル。

23 （開灤・北寧間石炭契約改訂交渉）　（北公）

開灤側ハ石炭輸送運賃ニ就キ原契約ヨリ唐山奉天間二割・唐山天津間一割五分・唐山北平間一割二分減額ヲ要求シ、北寧ハ之カ代償トシテ北寧使用石炭ヲ一屯銀三元五角減額要求。本交渉ハ未タ纏ラス。

24 （瀋海鉄路公司総弁後任決定）　（奉公）

瀋海鉄路公司総弁張志良ハ営口塩運使ニ任命セラレ、後任ハ現北寧鉄路局副局長富保衡ニ決定シ、北寧副局長ニ現総務処長許文国カ襲フ事トナッタ。

25 （伯都納・陶頼昭間狭軌鉄道敷設説）　（吉公）

576

○経　済

1 （黒竜江省取引所設置説）
資本金二〇万元、商務會系統及官銀号ニテ引受ケ今秋具体化スヘシト傳ヘラル。

2 （営口ニ黒竜江官銀号分号設置及廣信号ノ活動）
黒竜江官銀号ハ今秋特産期ヨリ分号ヲ設置スル為六名ノ行員ヲ派シ準備中、黒竜江官銀号ノ傍系會社タル廣信号ハ出張員ヲ本春営口ニ派シ在営各油房筋ニ對シ既ニ約二千車以上ニ達セリト云フ、官銀号分号ノ設立ヲ待ツテ活動スヘシト。

3 （中国側ノ新輸入酒税制定）
吉林省政府ハ来ル九月一日ヨリ満鉄附属地ヨリ中国ニ輸入スル酒類ニ對シ新税則ヲ制定施行ノ筈。

4 （北満ニ於ケル毛織洋服地ノ取引事情）
北満ニ輸入セラルル毛織洋服地ノ種類及生産地・北満輸入径路並数量・取引情況・輸入関税・主ナル取扱店。

5 （蘇聯石油ノ南満進出状況）
スタンダード・亜細亜両石油ノ北行減少ヲ数字的ニ示シテ蘇聯石油ノ進出状況ヲ詳述セル近来ノ好資料。

6 （七月分，吉林・敦化・竜井金融経済月報）

577

7（八月中旬，通遼交易所相場及出来高）
8（遼寧省盤石縣－吉海線－ノ青田買付）
9（蘇聯商品ノ奉天進出狀況）
10（毛遇鳳ノ夾皮溝金礦報領撤去）
11（吉林省ノ營業税実施未定）
12（八月下旬，中南支商況）
13（遼寧実業廳ノ城内邦商ニ對スル商号登記ノ要求）

〇政治

1（支那側ノ對日狀況）七月中，関憲調、入手。

2（七月中，関東州及附屬地ニ於ケル外事狀況）関憲調、入手。

3（遼寧国民常識促進會日貨排斥講演隊員出発）総員四〇名、南滿・安奉・瀋海・四洮・洮昂・打通ノ各線ニ向フ、二十五日。

4（天津ニ於ケル日貨排斥況，其三）

5（新湖聯合社壓迫ノ訓令安東ニ達ス）

578

6 （国民党系天津民国日報社、吉林ニ分社設置）
分社長、王廷鈞。

7 （哈爾濱新報、八月十五日創刊）

8 （上海中国側新聞記者團　吉林ニ至ル－八月二十一日）

9 （瀋海鉄路公司総弁張子良、赴平－二十六日）
右ハ満鉄ト客車三〇余輛ノ買売契約ヲ為セル為学良ニ招致、問責セラルルモノナリト。

10 （北方軍政大會開催－八月二十二日）
出席者、張学良・韓復榘・徐永昌・傅作義・王樹常・蒋伯誠・万福麟・湯玉麟・高紀毅、北方時局問題・日支鉄道交渉問題・排日決議等行ハル。

11 （長江流域各省水害狀況）

12 （全国鉄路工會代表大會）
中国共産党ハ九月一日表題大會ヲ南口（平綏線）ニ開催決定、各鉄路工會ヘ招集狀ヲ発送シタ。

13 （鉄嶺市況－機関區其他縮少ニヨル影響調査）　鉄領調、入手。

57P

579

14

（太平洋會議吉林代表決定）

最初吉林大学副校長李錫恩ノ豫定ノトコロ同大学法學院長黄其畯ニ決定

580

580

秘

商工課長　産業係

調査課資料係

情報日報　六第一二二号　昭和六年九月四日

○交通

1（五・六月分呼海及北寧鉄路営業収入概算報告）　（奉事）

2（東支鉄道沿線穀類滞貨比較—東支鉄道経済週報第一六号所載　（長駅）

昨年十月一日現在—西部線地方一二四万噸・哈爾濱管区一一五万噸・東部線地方六六万噸・南部線地方五五万噸　計三六〇万噸、本年八月一日現在—西部線地方二二三千噸・哈爾濱管区五四一千噸・東部線地方二八千噸・南部線地方二五千噸　計八一七千噸。内自昨年十月一日至本年七月三十一日西部線地方ノ発送全数量一万七千噸ノ内、東支線ニ依ルモノ五三万一千噸・斉克線ニ依ルモノ四八万六千噸テアル。

3（エ・フ撥富錦大豆河運輸出）　（国際）

自八月九日至二十八日ノ間ニ大豆二〇〇東支車発送シタ。

581

581

4 （奉天、城内外穀類在高ー八月二十八日現在）　（奉商）
大豆四〇車・高粱一一三車。

5 （七月分，斉克鉄路営業成績）　（斉公）

6 （六月分，東支鉄道收支月報）

7 （自一月至六月東支鉄道営業收入累計比較）
前年度ー二、九七〇万金留、本年度ー一、七四〇万金留。

8 （一九三〇年度，東支鉄道営業運輸実費計算書）

9 （瀋海瀋陽駅ニ利達公司専用線引込）　（奉駅）
工事完了ハ本月中ノ見込。

10 （新任塩運使張志良ノ瀋海鉄路局ニ於ケル辞任演説）　（奉事）

11 （支那全国鉄道ノ省別総延長並営業里数表）

12 （呼海鉄路購入軌条其他材料ニ對スル関税猶豫）

582

呼海鉄道ニテハ線路延長用トシテ英商デヤーデン・マデソン商會ヨリ軌条及鉄材ヲ購入シタカ、此等材料ニ對シ関税納入ヲ猶豫シ記帳扱トナス樣東北交委ニ具申シ交委ハ財政部ニ交渉方申請シタ。

13（東鉄・滿鉄・烏鉄三鉄道會議開催ニ関スル露人記者ノ言動）　（関警）

14（葫蘆島ニ無電台設置）
目下朱光沐ハ葫蘆島ニ無線局設置準備中ノ由）。

○経済

1（遼寧省城ニ開催ノ国貨會）　（奉事）

2（営口漁業碼頭及魚市場ノ工事着手）　（営地）

訂正　日報六第一二一号経済1　中永安号ハ永字号ノアヤマリニツキ訂正ス。

583

583

○政治

1（上海反日會抑留日貨返還開始ー三十一日全部引渡濟）（海駐）

2（奉天ニ於テ排日示威行ハルー八月二十八日中元節）（奉商）

3（吉林省党部ノ排日ポスター）入手。（吉公）

4（中央党部ノ在東北外人新聞調査命令）入手。（奉事）

5（東三省民報ノ聯合通信購読）（奉事）

国民政府ハ命令ヲ以テ聯合通信ノ排斥ヲ為サシメタルモ、東三省民報ハ日本ノ漢口水災同情ヲ以テ日支感情ノ融和トナシ、三十一日ヨリ聯合通信ノ購読ヲ申込ム。

6（中村大尉事件ニ関スル栄臻ノ報告）

參謀孟技郷ヲ興安嶺ニ派シ調査セル結果ソノ事実無シト張学良ニ報告セリ。

7（天津共産党現状調査）（北公）

584

各委員會及人名入手。

8（中共延辺支党部老頭溝區委新工作指南）入手。（吉公）

9（中国共産党平津冀行動委員會）（北公）

中国共産党順直省委ハ七月鮮消、同時ニ平津冀行動委員會ト改称セラル。

10（上海八一工作ノ総結及九一工作佈置CY文献）入手。（上事）

11（鮮人無政府主義團体暴友團ノ宣傳文）全訳入手。（関警）

12（国境鮮人暴動計画警戒ニ関スル遼寧省政府訓令）入手。（関警）

13（満洲ニ於ケル世界紅　字會ノ情況）入手。（関軍）

585

585

14 （南京・廣東妥協問題概況） 入手。 （上事）

15 （甘粛ニ政変起ル） 主席馬鴻賓拘禁セラレ、馮玉祥系ノ馬文車主席トナリ・雷中田（馮ノ旧部下）参謀総長トナル。

16 （閻馮ノ外遊問題） 蔣ハ極力外遊セシメテ禍根ヲ絶タントスルモ、張学良ハ對蔣緩衝地帯トシテ存置セント謀ル。

17 （北平將領會議） 閻馮外遊問題ニテ何等纏ラス。

18 （平津一帯ノ戒厳九月一日解除） （関軍）

19 （汪精衛廣東ニ帰ヘル—八月二十九日） （廣駐）

20 （趙欣伯一行赴日—八月三十日安奉線経由） （奉事）

586

21（馬賊四百三江口駅附近村落ニ屯ス—八月三十一日）（鄭公）

22（営口駅出入馬車夫・人力車夫罷業—八月二十八日）
同日就業、原因ハ営口地方事務所ノ公費徴収苛酷ニアリト。（関警）

23（奉天ニ商業大学設立ニ決定）
省立甲種商業高級中学ヲ商業大学ニ改メ経費二〇万元ハ省庫ヨリ支出。（奉商）

24（東北航空大学設立計画）
開設費五〇万元、収容高等学生一二〇名、学校長張学良、英・佛・独・米・日・露ヨリ航空教官ヲ招聘ス。

25（長江水害ト国民政府ノ東北移民計画）（哈事）
国民政府ヨリ東北政務委員會宛電。

26（蘇聯赤軍編成其他重要数量表—演習用）入手。（関軍）

27（東支鉄道買収問題）（関軍）

587

訂正　人事移動16ノ（国民党左翼共産派巨頭）ハ（中国国民党臨時行動委員會幹部）ト更ム。

√88

588

秘

情報日報　六第一二三号　昭和六年九月五日　調査課資料係

○交通

商工課長　産業係

1（開豊汽車公司收入統計月報四・五・六・七月分）（開地）

2（電権侵略防止訓令）（開地）

最近東北電報管理処ハ、琿春縣地方ニ於テ日本側カ電話線ヲ架設シタノヲ発見シ其ノ報告ヲ受ケタカ、此ノ種ノモノハ交渉ノ便宜上架設前速報スヘシト一般ニ訓令シタ。

3（八月中旬，北寧河北站着発貨物数量表）（国際）

4（中国国有鉄道運賃差別待遇問題）

5（歐洲向陸輸大豆数量）（国際）

本年開始以来今日迄約六〇〇東支車テアル。

6（富錦ニ於ケルエキスポートフレーブノ大豆買付続行）（国際）

エキスポートフレーブハ哈爾濱方面ノ反對アルニ不拘不相変富錦テ

大豆ノ買付ヲ続行シツツアル、富錦・露領間大豆運賃千布度ニ付哈
大洋七〇元諸掛一六〇元計哈大洋二三〇元。

7 （河北新埠頭ノ第二次工事続行）　（営駅）

河北第二埠頭ハ已ニ完成シタカ、八月三十一日ヨリ現埠頭線路ヲ下
流ニ延長シ今日迄約二〇〇米突ノ敷設ヲ終ツタノテ、愈々第三埠頭
ノ築造ニトリカカル模様テアル。

8 （遼寧省政府ノ満鉄経営状況調査）　（石地）

遼寧省政府ハ各縣長ニ満鉄経営状況調査ヲ命シタ。

9 （黒竜江官銀号ノ麻袋購入）　（営駅）

黒竜江官銀号ハ本月中ニ三井物産ヨリ鉄筋麻袋八〇万枚購入営口揚
トシ北寧ニヨリ輸送ノ模様。

10 （東北交委ノ日貨運輸停止要請）

東北交通委員會ハ八月三十一日南京鉄道部ニ對シ、吉長線ノ日本人

590

独リ権力ヲ振リ多数ノ支那人ヲ整理セルニ付反日行動ヲ行ハレ度ト其援助ヲ乞ヒ、又全国鉄道ニ對シ一致シテ日貨運輸停止・経済断行ヲ要請。

11 （東北ノ満鉄関係借款鉄道整理方針）

呉鉄城ハ蒋介石ニ對シ、学良カ日本勢力駆逐ノ為積極的ニ東北鉄道網計画ヲ完成スル意嚮ヲ有シ過日東北交通委員會ニ對シ満鉄ト借款関係ヲ有スル鉄道ハ鋭意整理シ且中央ノ援助ヲ仰キ借款償還ニ努ムヘク指令セル旨電報セリ。

12 （歐亞連絡航空公司ノ北平・満洲里コース変更計画）

交通部ハ北平・熱河・洮南・満洲里ニ変更ノ計画ナルモ東北政権トノ関係上実現ノ可能性不明。

SP1

591

○経済

1（奉天ニ於ケル英米煙草代賣店ノ名称変更）

先頃啓東公司ノ名称ヲ挙ケシカ今回更ニ之ヲ改メテ永合公司ト称スルコトトナレリ。

2（営口ニ於ケル差別的営業税ニ就テ）（営地）

八月初旬撤廃セル補徴税ノ代捐トシテ新ニ営業税ヲ設ケ、河北経由穀類中河南満鉄埠頭及大連其他外国向ニ對シテハ従價千分ノ五ヲ課シ・国内各港及河南旧市街油房行ニ對シテハ何等之ヲ徴收セス、トノ説アルモ今日迄ノ所カカル差別的営業税ノ賦課セラレタル事実ナシ。

592

3 （奉天支那銀行ノ利上）

一流銀行ノ定期貸付利率月一分三厘ヲ一分四厘ニ同當座貸越一分四厘ヲ一分五厘ニ夫々引上ケ、二流銀行モ之ニ追隨シ一分方引上ケタリ。

4 （米国ノ對支小麦借款―米国農事局ノ国民政府ニ提出セル条件）　（上事）

新聞所載ト同一内容。

5 （奉天城内一流糸房ノ營業狀態）

6 （吉林省財政廳附設稅科組織章程）　（吉公）

7 （附属地華商ノ統稅納入狀況）　（瓦地）

8 （滿洲ニ於ケル金鑛採掘ト英人ノ請負說ニ就テ）　（調資）

9 （遼寧省政府ノ現大洋城外搬出取締ノ励行）

593

593

〇政　治

1（東北大学生ノ排日貨運動起ル）

2（全国反日會組織準備）

3（万寳山三姓堡鮮農ニ對シ、地主退去ヲ要求ス）

4（青島事件ニ関スル青島市政府ノ通電）

5（張学良ハ帰奉ノ為九月一日北寧局ニ特別列車三ノ準備ヲ命ス）

6（河北駐屯各軍ノ新移駐地●移動概況）（北公）

7（著名支那文武官雅号一覧表）

訂正　日報六第一二二号政治13　中紅卍字會ノ卍脫落セルニヨリ補正ス。

594

594

〇人事任免

東北省

1 呉承名 遼寧省政府秘書処秘書ニ被命（八、二八、）

2 鹿作潘 遼寧省政府咨議ニ被命（八、二八、）

3 王振綱（黒竜江省青岡縣々長）免職セラレ、林福山後任トナル
（八、一七、）

支那本部

1 呉隆鉞 四川省財政特派員ニ被命、前特派員張棨芳ハ待命（八、二三）

2 張見庵（河北省政府委員兼教育廳長）免職サレ、後任ハ同省委員
陳寶泉代理ス（八、二八、）

〇法規

1 遼寧省蚕蜂検験暫行規則（八、三〇、公布施行）
全条六条ヨリ成リ、凡テ国外ヨリ輸入或ハ外省ヨリ移入サルル蚕
蜂ハ本規則ニ依リ検査サル

2 遼寧省蜂業管理暫行規則（八、三〇、公布施行）

595

595

十四ケ条ヨリ成リ、官有養蜂場ニテ試験ヲ目的トセル者ヲ除キ、其他凡テノ養蜂営業者ニ適用セラル

596

秘

情報日報　六第一二四号　昭和六年九月七日　調査課資料係

○交通　　商工課長　　産業係

1（三・四月分中東鉄道輸入月報）

2（渤海鉄路ノ豫算削減）

二〇年度支出豫算額現大洋一六八万余ヨリ最低限度二〇万元ヲ減額スヘシト、省政府ヨリ命令カアツタ為、全鉄路テハ近ク董・監事緊急會議ヲ開キ其ノ對策ヲ講スルコトニナツタ。

3（五年度泰来発送穀類数量）　（斉公）

社線向一四〇四車（内大豆、三四二）、河北向一九六八車（内大豆、九三六）、中東向其ノ他一三車　計三三八五車。

4（浦塩輸出入貨物統計表）　入手。　（国際）

5（南京政府鉄道部長代理連声海ノ辞意）　（北公）

南京政府鉄道部管轄各鉄道局長ハ軍人出身多キ為部ノ威令行ハレサル為、連声海ハ辞意ヲ洩スニ至ツタ。

597

6（東北交通用品製造廠長蘇上達辞表提出説）　　（奉事）

東北交委所管東北交通用品製造廠長蘇上達ハ排外運動ニ没頭ノ為一〇万余元ノ欠損ヲ来シ、交委路政処長鄒致権ヨリ警告セラレタルニ憤慨シ辞表ヲ提出セリト傳ヘラル。

7（四洮局長排斥策動）

東北交委程式峻一派ハ四洮局長何端章排斥ヲ策動シツツアリ。

8（黒竜江官銀号大豆大連宛輸送計画）

598

○経済

1（東三省官銀号ノ銀塊購入）

首題銀号ハ東三省金融管理委員會ノ命ニ依リ、信用維持ノタメ銀塊並ニ銅塊ヲ購入スヘク行員ヲ上海・天津ノ両地ニ派遣スルコトトナレリ。

2（遼寧省ノ石炭出産税改正計画）

遼寧省ノ石炭出産税ヲ統一スル為、目下実業・財政両廳ニ於テ委員會ヲ組織シ、徴税法・税率等ヲ研究中。

3（奉天附属地ニ露国商品小賣部ノ設置）（奉駅）

附属地浪速通モト田中蓄音機店跡ニ石油並ニ各種雑貨ノ小賣部ヲ設置シ、目下内部ノ改造中。

4（蘇聯石油ノ奉天進出）

新ニ任命セラレタル駐遼代表ヅヒオフスキーノ販賣區域ハ北長春南遼陽・鞍山　西山海関・東安奉沿線ニテ近ク之等各地ニ販賣所及代理店ヲ設置シ、奉天ニ常ニ大量ノストツクヲ持チ之等各地ノ要求

599

ニ應スル計畫ノ如ク、奉天市內ノガソリン・石油ノ一ヶ年消費六万箱ノ內其二割五分卽チ約四万箱獲得ノ目論見中。

○政治

1（懷德縣ノ排日縣長自ラビラヲ貼ル―二十九日）（関警）

2（撫順炭礦東州川防水工事ニ對シ對岸支那部落民ノ妨碍起ル―八月三十一日）（関警）

3（討逆將士慰問代表赴平―二日午前）（奉事）

4（故行政院々長譚延闓葬儀南京ニ行ハル―四日）（奉事）

600

○人事任免

東北省

1 周大文（北平市長）豫テ開灤礦務督弁ニ被命中テアッタカ、八月二十五日赴津シ正式ニ就任セリ

支那本部

1 新文溪（韓復榘參議）近ク正式ニ成立ノ筈ナル韓復榘ノ北平弁事處々長ニ被命（二〇八）

2 徐 謨（現歐米司長、米国留学出身）亞細亞司長兼務トナル（八、三〇）

3 江華本（亞細亞司日本科長）日本公使館一等秘書ニ任命セラル（八、三〇）

4 朱世全（歐米司第一科長、仝司長代理）チエコスロバキヤ公使館一等秘書ニ轉出、後任ハ呉南如被命（八、三〇）

601

秘

情報日報 六第一二五号 昭和六年九月八日 調査課資料係

○交通

1（北寧鉄路二十年施設豫算明細書）

2（東支鉄道輸入月報五月分） （国際）

3（奉天・法庫門間自働車専用道路修築）

楊宇霆在世時ニ計画サレタコトカアツタカ、今回遼寧実業廳ニテ直営スルコトニナリ、既ニ実測ヲ終リ十月一日一般入札ノ運ニ至ツタ、入札保証金ハ現大洋五百元テアル。

4（膠済鉄道ノ炭車充実ト埠頭ノ荷役不良）

本年一月鉄道部カラ五〇輛又七月日本ヨリ購入ノ分一〇〇輛計一五〇輛ノ炭車ヲ増シ其ノ潤沢ヲ見ルニ至ツタカ、埠頭ノ荷役作業カ之ニ追從シ得ス最近埠頭ノ停滞炭車カ七〇〇輛乃至一、〇〇〇輛ニ及関係者ハ何レモ困却シテオル。

5（河北新埠頭市街豫定地貸附） （営駅）

602

河北新埠頭附近一帯ニ亘ル市街豫定地ハ、北寧鉄路側ノ斡旋ニヨリ、同地商人ハ貸付地ハ各自埋立テ・家屋建設後三ケ年間・無税且無料・四年目ヨリ一畝ニ付年八〇元ノ貸附料ノ條件テ借受ケル事トナッタ。

6（海関ノ葫蘆島海上測量ニ對スル奉天官憲ノ処置）

海関測量艦カ葫蘆島港ヲ測量セントセルニ對シ同地海軍学校之ニ反對シタル為、東北辺防軍公署ヨリ東北交委経由北寧路ニ其ノ旨通牒シタカ、北寧路トシテハ海関側測量図面ヲ東北辺防軍公署ニ提出シ東北国防上秘密並要害ノ箇所及商船航行ト関係無キ地点ノ図面ハ公布セシメサル様申請シタ。

7（高紀毅ノ病状並ニ四洮路ノ工事問題）

8（北寧・開灤契約改訂交渉）　（北公）

開灤炭積ノ北寧線ニ對スル運賃減額ノ要求ニ對シテ北寧側ハ旧契約ニヨル方有利ナル為交渉ハ不調ニ終ッタ。

603

603

9（膠済鉄路局ベルギーヨリ購入ノ製作材料不良）
昨年十二月鉄道部ニ於テベルギー團匪賠償返還金ヲ以テ同国ヨリ購入シタ貨車一〇〇輛ハ製作材料不良頗ル不評ナルモ、日本ヨリノ購入貨車一〇〇輛ハ故障無ク好評。

10（膠済鉄路沿線炭礦買收説）
曩ニ膠済鉄路沿線炭礦買收説カアツタカ、右ハ路局カ或地方ノ一部鑛區ヲ買收シ鉄道自身ノ所用炭ヲ採掘セントスルモノニテ、沿線炭礦ヲ全部買收セントスルニ非ルモ現在ノ財政狀態ヨリ推シ前記計画ハ実現困難ト見ラル。

11（斉克鉄路局工程借款）

〇経済

1（長春洋火工廠製材部及浦元製材所ノ共同販賣所設置）（長地）
吉林及北満良材ノ朝鮮内地宣傳ノ為、首題両工廠ハ最近満鮮坑木株式會社ト契約シ該社監督ノ下ニ製材販賣計画ヲ樹テ今般安東一番通

604

604

ニ長春製材共同販賣所ヲ設置目下開業準備中ナルカ、既ニ両工場ヨリハ製品一二・三車ヲ輸送セリト。

2 （遼寧省政府ノ外国人ニ對スル穀類販賣禁止令ノ内容―八月末発令？）

南方一大省ノ天災ト関内ノ兵禍トニヨリ當該地方ハ食糧欠乏シ住民ハ正ニ餓死線上ニ在リ之ヲ以テ国民政府ハ今回窮民救済ノ為東北各地産出食糧ノ購入ヲナスヘク東北ニ委員派遣ヲ決定セリ、依ツテ各縣政府ハ今秋收穫ノ高粱・粟等我民食糧ヲ外国人ト取引スルヲ禁シ以テ價格ノ暴騰ヲ防止スヘシ。

3 （水害救済ニ満洲特産購入） （上事）

八月三十日南京発ルーター電。

4 （米国農事局ノ對支小麦借款拒絶） （上事）

華府八月三十一日発　合同通信電、クレデツトノ期間並ニ金利ノ点ニ於テ両者ノ意見一致セサルモノノ如シ。

605

605

5（奉天純益紡紗工廠ノ近狀）
出資関係・支店関係・工場設備・職工・原料・製品ノ各項ニ分チ同工廠ノ現狀ヲ詳述セルモノ。

6（上海市営業税徴收罰則）（上事）

7（八月下旬中南支商況，其後ノ排日貨狀況）

訂正 日報六第一二四号経済4 中一ケ年消費六万ハ一六万ノ間違ニツキ訂正ス

606

606

○政　治

1 （雑誌日本研究万寳山専号）　入手。　（上事）

上海日本研究社出版、万寳山事件ニ関スル支那紙論評其他ヲ蒐錄セルモノ。

2 （昌図石山ノ紛争問題鉄道交渉ニ上提ニ決ス）　（開地）

3 （遼寧教育廳ハ学生ノ外交問題ニ関係スルヲ禁ス）　（開地）

4 （開原縣国民外交協會委員表）　入手。　（開地）

5 （栄臻五日赴平）　（奉事）

6 （関内東北軍ノ新駐屯地調）　入手。　（北公）

7 （長江流域各省水害）　入手。　（上事）

607

607

○人事任免

東北省

1 趙駿第（遼寧省政府秘書處第二科長）海竜縣々長ヲ被命、後任ニ王玉璠就ク（九、三）

支那本部

1 江西省政府ノ改組

主席兼南昌衛戍司令魯滌平辞職シ、後任ニ熊式輝或劉峙擬セラレツツアリ、近ク全省政府ノ改組行ハル可シト。（九、七）

2 甘粛省政府 前主席馬鴻賓逐ハレ、馬文車臨時省政府ヲ組織スル旨通電セルカ、其ノ顔振左ノ如シ。（八、二八）

主席委員 馬文車

委員 楊思・雷中田（兼甘粛省保安総司令）・魯大昌・李朝傑外八名

608

608

廣東省政府

1 孫殿芳　上海チヤイナープレス報ニ依レハ廣東政治會議委員ニ任命セラレタリト

○法規及其他

1 生糸品質及輸出検査規定（八、二九、公布施行）

實業部ノ制定ニ係リ、全十三条。外国産ノ生糸ニハ適用サレス

2 イ 中国々民党第四次全国代表大會組織法

ロ 全大會秘書処組織条例（九、三〇一五七次中常會通過）

609

609

秘

受付 6.9.12 商工課

情報日報　六第一二六号　昭和六年九月九日　調査課資料係

商工課長　産業係

○交通

1（東北各路十九年度営業決算ー呼海ノ分続報）

2（瀋海鉄路ノ豫算削減続報）

富葆衡総弁カ新任当時張学良ト協議ノ結果、現在ノ二十七科ヲ二十科トナシ従業員数ヲ約二割方減員シテ、支出豫算カラ二二万元ヲ減少セネハナラナクナツタタメ、富総弁ハ就任ニ難色アリ未タニ着任ヲ見ナイノタト云ハレテ居ル。ー日報六第一二四号2項参照。

星野 6.9.14

受付 6.9.14 商工

3（遼寧省党務指導委員ノ建言ニカカル洮南繁栄策）　（奉事）

遼寧省党務指導委員王力東ナル者ハ洮南繁栄策トシテ建言書ヲ提出シ、省政府ハ之ヲ交委ニ諮問シ交委ハ更ニ四洮・洮昂両鉄路局ニ廻付意見ヲ徴スル事ニナツタ、右建言書ハ四洮鉄路局ノ洮南移轉・洮哈鉄道ノ建設・洮索鉄道ノ完成ヲ力説シテ居ル。

4（四洮鉄路局未認可工事問題）

610

5（洮索鉄道軌条購入契約問題）

洮索鉄道カ八幡鉄所製軌条購入ニ関シ、交委ハ契約内容不備トノ理由テ修正提出ヲ命シタノデ、索倫屯墾公署ハ資金ノ調達ニ就テハ全責任ヲ負フト回答シタカ、交委ハ満足セス更ニ修正契約ヲ期限附ニテ提出方嚴命シタ。

○経済

1（米国ノ對支小麦借款成立説ニ就テ）　（上事）

九月三日南京発ルーターー電ニ依レハ米国ノ對支小麦借款ハ成立セルモノノ如ク傳ヘアルモ、其筋ノ権威者ノ言ニ依レハ支那側ノオファーヲ其儘傳ヘタルモノニテ未タ成立セルモノニ非スト。

2（遼寧民政廳発各縣政府宛特産及金銀投機取引禁止令ノ内容）

新糧出廻期ニ於ケル各縣商民ノ満鉄沿線附属地ニ於テ新穀ノ現物及先物ノ取引或ハ金票・鈔票ノ現先物賣買ヲ以テ正業トナスハ我東北ノ金融ヲ攪乱スルモノナルカ故ニ、今秋旧暦八月一日ノ新穀出廻ヲ

611

期シ各縣政府ハ管下公安局ヲシテ管内各商戸ノ此種投機取引者ノ摘
発ニ努メ之等不良奸商ヲ発見シタル時ハ金融攪乱罪ヲ以テ厳重処罰
スヘシ。

3 (奉天附属地華商ノ営業税納入)

果実商・小麦粉商等城内ニ取引ヲ有スル附属地華商ハ、當初我警察
署ヨリノ営業税納付拒否ノ命ニ依リ商賣休止ノ有様ナリシカ、最近
ソレソレ営業税ヲ納入シ貨物ノ城内搬入ヲ行ヒ居ル由。

4 (遼寧全省聯合商務會ノ開催)

十月十日開催ニ決定、各地商務會宛提案提出方通知セリ。

5 (奉天公済平市銭号ノ貸出)

現大洋二百万元ヲ貸出スコトニ決定、九月一日ヨリ五名ノ外交員ヲ
派出シテ各商戸ノ信用調査ヲナシツツアリ、利子ハ當座貸越月一分
七厘・定期月一分六厘。

6 (大連並ニ営口ニ於ケル巻莨統一税問題)

612

両港ニ於ケル査定價格ノ相違ヲ数字的ニ示シテ本問題ノ本質ヲ最モ簡明ニ説明セルモノ。

7 (張学良ハ九月中ニ東北及北方各省財政會議召集) (関軍)

8 (処暑ー八月二十四日ー奉天地方農況) (奉事)

9 (八月下旬通遼交易所相場及出来高) (鄭公)

10 (八月斉々哈爾市況) (斉公)

11 (中支水害ニ依ル米及特産ノ需給観) (上事)

○政治

1 (東北政府ノ外国人旅行禁止區域ニ関スル訓令) (関警)

指定危険區域

遼寧省　洮南・開通・洮安・突泉・瞻楡・安廣・鎮東・東屛

内蒙古地方　鎮国公・図什業・札薩克図　ノ三旗

吉林省　樺甸・蒙江・磐石・長嶺

613

613

熱河省　経棚・林西

外交部遼寧特派員弁事処訓令ニ依レハ上記以外ニ葫蘆島モ附加シアリ。

2（鮮人入籍問題ニ関スル遼寧省政府訓令）　（関警）

3（関東庁管内労働者調，六月末現在）　入手。　（関警）

4（廣東政府討蒋軍北上開始九月二日）　（関海）

5（国民党第四次全国代表大會組織法九月四日通過）　（関軍）

今秋南京ニ於テ開催ノ豫定。

6（東北陸軍編成其他重要数量表ー演習用）　入手。　（関軍）

614

614

秘

受付 6.9.12 商工課

情報日報　六第一二七号　昭和六月九月十日　調査課資料係

商工課長　　産業係

星野 6.9.14

受付 6.9.14 商産

○交通

1 （四洮洮南站発着貨物数量表三・四月分）　（洮公）

2 （吉林全省省道築造計画）　（吉公）

吉林建設庁ハ本春来調査中テアツタカ、八月下旬幹線九条・支線十二条ノ築造計画ヲ立テ省政府ニ提出シタ、現在吉省ノ財政状態カラ見レハ近キ將来ニ実現性アリトモ思ハレル。

3 （自一月至八月北寧・瀋海両路貨車ノ吉海線迎車数）　（吉公）

北寧　九三一車・瀋海　四七七車、計一、四〇八車。

4 （河北新碼頭最初ノ積取船）　（営地）

八月廿五日　大連汽船英竜丸、北票ノ坑木七〇、〇〇〇余本荷揚、九月五日　海昌公司ノ所有船海昌（五二四屯）、北票炭五二〇屯積取。

5 （松花江下流筋穀物取引並滞貨概況ー東支経済週報第十六号所載）　（長駅）

615

615

○経済

1 （吉林省政府ノ露貨ダンピング禁止令発布） （吉公）
吉林省政府ハ露領ヨリ輸入サルル露貨ノ輸入ヲ厳禁シタ。

2 （熱河省各縣ニ於ケル十九年度徴税額） （鄭公）
熱河省各縣徴收局ノ客年七月一日ヨリ本年六月末日ニ至ル徴税額ハ現大洋百万八千六百三十二元デアル。

3 （北滿洲ニ於ケル木材事情） （長駅）
北滿ニ於ケル木材ノ各消費市場・各輸送経路ニ於ケル運賃関係並各地木材税制ヲ詳述セル好資料。

4 （八月ニ於ケル吉林木材情況） （吉公）

5 （洮南ニ於ケル甘草ノ調査） （洮公）

○政治

1 （共産党南口大會—九月一日情況） 入手。 （北公）

616

616

2（中共党辺各縣委新幹部人名表）入手。（吉公）

3（国民政府ノ赤匪剿滅報告ニ對スル国民會議ノ決議案）（吉公）

4（長春漢字新聞「益民時報」発刊—九月一日）（長地）
所在地　長春城内南関・社長　朱子欽・編輯長　王菊影。

5（東支鉄道従業員組合秘密會報第五号）入手。（関警）

617

617

○人事

東北省

1元瀋海鉄路公司総弁張志良ノ営口塩運使転任ニ際シ、其ノ部下ニシテ特ニ引抜カレテ営口ニ赴任スル主ナルモノ如左。（奉公）

一、総務処長　高賓忠

二、総、文書課長　柯沅

三、総稽査　陳立本

支那本部

1呂苾籌（現行政院秘書長）文官長葉楚傖不在中事務代理ヲ命セラル（九、八）

618

618

秘

情報日報　六第一二八号　昭和六年九月十一日　調査課資料

商工課長　産業係

○交通

1（営口巨商ノ河北市街豫定地借受）（営地）

河北紅草窪新碼頭背後一帯ニ亘ル市街豫定地ノ一部ヲ厚発合カ二〇天地・東永茂カ四〇天地ヲ借受ケルコトニナツタ、尚向三ケ年間ハ地代無料デアル。

2（天図鉄道廃軌改築無根）（吉公）

現在其ノ模様モナク、恐ラク以前仝鉄道内部ニアツタ一部ノ意見又ハ図們鉄道ノ廃軌改築カラ来タ訛傳ト思ハレル。

○経済

1（遼寧省各地ニ於ケル支那側ノ営業税納入強制）

最近奉天附属地内ニ於ケル支那商並ニ附属地外ニ於ケル外商中営業税ヲ強要サレテ納入スルニ至レルモノ相當増エタルノミナラス、安奉沿線鶏冠山及秋木荘附属地内支那商ニ對シテモ納税ヲ強要スルニ至ツタ。

619

619

2（奉天當局ノ附屬地内在住支那商ニ對スル課税方法研究）

奉天財政廳ハ附屬地居住ノ支那商ニ營業税ヲ賦課ス可ク腐心シツツアツタカ、這般財政廳長ハ秘密裡ニ廳員ヲ附屬地内ニ派遣シ附屬地在住ノ支那商ニシテ本店又ハ支店ヲ城内ニ有スルモノ又ハ資本家並ニ經理人ノ城内ニ於ケル住所氏名等ヲ調査ノ上ソノ關係者ヨリ徴税スル事ニナツタ。

3（小包郵便物ニ對スル課税增加）

奉天邦商ハ綿織物ニ對スル統税ヲ免レル爲小包郵便ニテメリヤス類ヲ輸入シタカ、大連ニ於テ脱税品トシテ引ツカカルモノ續出シ課税率モ增大ノ模樣テアル。

4（財政廳ヨリ附屬地搬入ノ穀類ニ課税方命令）

遼寧財政廳テハ從來滿鉄沿線ノ農民カ出産税ヲ納付セサルママ穀類ヲ附屬地内ニ搬出賣却シテイタノテ、今後附屬地トノ境界地ニ見張所ヲ設ケ脱税者ヲ取締ル樣命令シタ。

620

620

5 (支那商ニ對スル放行單ノ期限制限)

奉天税局ノ邦商ニ発行スル放行單ニハ期限ノ制限無キモ最近支那商ニ発行ノ放行單ニハ発行後二ケ月ヲ経過セルモノハ無効ナリトシ出産税ヲ徴收スル為、邦商ハソノ對策ヲ考究中デアル。

6 (錦州縣長邦商ニ商業登記ヲ強要) (営地)

錦州縣長ハ同地在住邦商ニ對シ商業登記ノ要求ヲナシタカ、邦商ハ目下黙殺ノ態度ヲトリツツアル。

7 (奉天支那側工場製偽造石鹼ノ日本製品壓迫)

奉天支那側ニ工場ハ大阪吉田製石鹼ヲ偽造シ相互ニ價格ノ競争ヲ為シ、日本製品ハ價格ノ点デ太刀持ノ出来ナイ状態ニアル。

8 (マッチノ密輸取締方命令)

東北四省デハマッチノ專賣制実施サレタルモ豫期ニ反シテ販賣旺盛ナラス多数ノ滞貨カ出来タノデ、奉天税局デハ局員ニ厳重ナル取締方命シタ。

621

621

9（蘇聯商品ノ滿州進出狀況）　（奉事）

10（吉林ニ於ケル日本木炭商ノ現狀）　（吉公）

訂正　日報六第一二七号經濟1ノ中「輸入サルル」ヲ削ル

622

○政　治

1 (営口外交協會役員改選—八月三十日)　名簿入手。
主席ハ陳袖時。

2 (吉林省政府ノ水災義捐)　(吉公)
政府ヨリ五〇万元出シテ吉省過剰糧食ヲ購入シ被害地ニ送附スル
計画ナリト。

3 (蔣介石ハ学良ニ對シ北方八省ノ総司令職務代行ヲ許可セリト—九
月七日)

4 (新任駐日公使蔣作賓、学良ト會見セン)
九日上海発赴日ノ途北平ヲ経テ学良ニ會見スル豫定ト、コハ蔣ノ
任命ニ對シ学良好意ヲ有セサル為諒解ヲ求ムルモノナリト。

5 (朝鮮事件ノ関東廳管内ニ及シタル影響)　入手。

6 (東蒙古地方ニ於ケル撥子ノ現況)　約二八頁ノ冊子。　(鄭公)

623

623

○社　會

1（間島地方ニ於ケル共産党員ノ暴行及取締統計表—昭和六年五・六月分）入手。

2（日韓併合紀念日ニ對スル国民府ノ宣言）訳文入手。

3（間島局子街慈惠病院医務成績表）入手。

4（鮮人問題ニ関スル間島在住親華鮮人ノ観察）入手。

○人　事

東北省

1姜承業（現熱河省政府委員兼財政廳長兼熱河興業銀行総弁）熱河興業銀行総弁ノ兼職ヲ辞ス。後任ハ闞廷瑞（字、香閣・昌図縣人・昌図瑞増福支配人）ニ決定ス（二〇、八、八）。

2劉鋒達（遼寧省政府民政廳第三科長）桓仁縣長へ轉シ、同科股長張世勛後任代理トナル（二〇、九、九）。

624

624

秘

受付 6.9.16 商工課

情報日報　六第一二九号　昭和六年九月十二日　調査課資料係

商工課長

産業係

星野 6.9.17

受付 6.9.17 商■

○交通

1（二十年度北寧営業豫算）

2（葫蘆島築港工事狀況，六月現在）

3（平漢鉄道全通）　（北公）

五日ヨリ特別急行ハ従来通ノ時刻ニ北平前門（午後九時三〇分）漢口大智門（午前十一時三〇分）ヲ発車スルコトトナリ茲ニ全通スルニ至ツタ。

4（歐亞航空コース変更）　（北公）

歐亞航空會社ハ嚢ニ第二号機カ外蒙テ抑留サレテカラ、コースノ変更ニ就キ協議中ノ処、當分北平ー洮南ー満洲里トシ、將来ハ新疆ヲ経由イルクーツクニ至ルコトニ決定シ、新コース視察ノタメ該公司主任李景樅及独逸側職員二名六日来平ノ上、九日第一号機ニテ洮南迄試験飛行ヲ行フ豫定テアル。

625

625

5 （天津航政局成立）　　　　（北公）

九月一日成立シタカ、該局ハ山東・河北・遼寧ノ三省ヲ管轄シ、三省ノ港湾ニ十二個所ノ事務所ヲ設ケテ航政情況ヲ調査セシメ、調査完了後分局トスル筈テアル。

3 （エ・フノ富錦大豆買付）　　　　（国際）

エ・フハ七日通記油坊益発・慶泰祥其ノ他ノ二軒カラ総計一千東支車（一万六千余瓲）ヲ買付ケ積込ノ準備中テアル。　日報六第一二三号6項参照。

7 （九月上旬分，東支各駅発寛城子駅着地方的運輸南行貨物適用運賃諸掛並税捐）　　　　（長駅）

8 （奉海十九年度純利益処分内訳）

積立金ー八万元（五%）・不動産償却金ー一五万元（一〇%）・配当金ー一三二万元（八五%）、計一五五万元。

626

9

（北寧鉄路ノ皇姑屯鉄工廠擴張）

現洋五〇〇ニ万元ヲ以テ、明春カラ工事ニ着手シ新ニ各種ノ機械ヲ設備シ、職工二〇〇〇名ヲ増員スルコトニナッテオルカ、將来天津附近ノ塘沽ニアル工廠ハ專ラ各種車輛ノ修繕ヲナシ、皇姑屯工廠ハ車輛ノ製造ヲナスモノダト云ハレテオル。

627

○経済

1 （水害救済ニ供スル米国小麦賣込商談成立説）（上事）

九月四日ワシントン発ルーター電ニヨレハ、フーヴァー大統領ハ同日支那政府カ米国聯盟農事局ノ支那ニ小麦ヲ買却スル提案ヲ承諾シタト声明シタ。

2 （四平街及瓦房店営業税問題）（四地・瓦地）

遼寧財政廳ニテハ全省商務聯合會ト協議ノ結果、営業税ノ請負額トシテ大洋一〇、〇二一、四四〇元ヲ各縣ニ振當テル事トナツタノテ、四平街・瓦房店各附属地商務會長ハ税捐局ト交渉シ附属地内華商ハ同税ヲ発レル代リ一定金額ヲ寄附スル事ニ諒解カ出来タ。

3 （中国産石炭並ソノ他原料運輸ニ便宜供与）

交通部ハ上海市反日委員會ノ請願ニ基キ、中国産石炭其他原料ニ對シテハ運輸上便宜ヲ計ル可キ旨各航政局並招商局ニ命令シタ。

4 （四平街地方新大豆出廻ル）（四地）

628

5 (奉天ニ於ケル特産取扱官商ノ状態) (奉事)

6 (外国人ノ東北農作物調査禁止命令) (長地)

上記密令ハ発セラレタル事アルモ目下各地農作物調査ハ支障ナク行ハレテイル。

7 (中央銀行北平弁事処成立) (北公)

中央銀行北平弁事処ハ九月十日ヨリ成立、同処ハ天津支店ノ直轄ニシテ同店副理談公遠カ弁事処主任ヲ兼務ス。

8 (熱河省各県財政局収入統計) (鄭公)

熱河省各県政府直轄財政局ノ客年七月一日ヨリ本年六月末ニ至ル収入ハ、現大洋三三八六五九元テ、財政庁管下ノ各県徴収局徴税額トノ合計ハ現大洋一、三四七三九一元テアル。

9 (営口支那側銀行及金融機関) (営地)

10 (海拉爾地方マンガン鑛発見説) (斉公)

62P

629

上記事実ハ存在セサル模様テアル。

11 (奉天ニ於ケル陶磁器ノ取引習慣) (奉公)

12 (七月分，間島物産及貨幣相場表) (吉公)

630

○政治

1（敦化派出所家主庵鳳有ニ對スル敦化縣公署ノ壓迫加ハル）八月三十一日。（吉公）

2（察哈爾省ノ外人入境禁止令出ス－九月八日）（奉事）

3（東北各省外交協會其他團体ノ排外聯合工作）計画成ラントス。

4（学良帰奉當分見合ト臧式毅宛入電）九日。（奉事）

5（張学良ノ九月三日附和平自救ニ関スル全国通電）入手。

6（南京・廣東第四次全国代表大會組織法ノ對照）入手。（上事）

7（第四回国民党全国代表大會代表選挙）吉林省ハ九月十一日挙行、代表五名。（吉公）

8（廣西軍ハ五日衡州西南祁陽ヲ占領）

631

9 （廣東軍ハ五日頃耒陽ヲ占領）

10 （武漢方面水災ノ被害狀況） 入手。

○社會

1 （褚民誼北平ニ歸來ス） （北公）

中佛西北科学視察團ノ中国側團長褚民誼ハ新疆迪化カラシベリヤ線経由四日北平ニ歸來シタ。

2 （平津地方ノ九一情勢） 平靜。 （北公）

3 （吉林共和報創刊） （吉公）

九月十六日初号発行ノ豫定。

4 （上海ニ於ケル労働爭議調－八月分） 入手。

5 （ヌウラン所携秘密文件ノ公表） （上事）

上海公共租界工部局警察ニ逮捕サレタヌウラン所携ノ秘密文件ハ九月六日ノ上海各紙ニ公表サレタ（八日大阪朝日參照）。

632

6（共産党清除工作大綱）訳文入手。

7（国民政府ノ中央會議）
鮮人不過團体国民府ノ中央會議ハ八月二十・二十一・二十二日ニ亘リ、新賓縣ニ於イテ開催サレタ。新執行委員長ハ梁仁元。

8（国民府ノ成立沿革及ヒ最近マテノ情勢）
玄益哲ノ供述書概要、入手。

633

633

○人事

東北省

1 (富保衡未タ就任セス)

新任瀋海路総弁富保衡ハ任命手続上不備ノ点アリテ省主席臧式毅ノ承認ヲ得ス、就任行悩中。（奉事）

支那本部

2 (財政部主計処設立)

国民政府ハ會計統一ノ為去ル四月一日ヨリ財政部ニ主計処ヲ設立(左記)、其他各部ニハ會計長ヲ置ク事ニナツタカ、鉄道部ハ會計長其他ノ任命ヲ行ツタ(左記)。

634

記

財政部主計処（三〇、四、一、実施）

主計長　陳其采

主計官　劉大鈞・秦汾・楊汝梅・呉大鈞・趙棣華

- 歳計局　局長（兼）陳其采　副〃楊汝梅
- 會計局　局長　秦汾　副〃趙棣華
- 統計局　局長　劉大鈞　副〃呉大鈞

鉄道部長

鉄道部會計長弁公処

會計長　張競立（三〇、六、二七、任命）

- 第一科長　林則蒸
- 第二科長　盧文鳳
- 第三科長　張紹元
- 第四科長　周志鏞

（右四者三〇、八、一一、任命）

635

635

秘

受付 6.9.16 商工課

情報 日報 六第一三〇号 昭和六年九月十四日 調査課資料係

商工課長

產業係

星野 6.9.17

受付 6.9.17 商產

○交通

1（天図鉄路七月分運輸概況） （吉公）

2（洮昂線嫩江橋梁工事開始） （洮公）

八月一日開始、請負人奉天遼東公司、請負額二七万元、セメント鉄筋材料等洮昂負担、全部ノ工事費見積額一二〇万元、十四ケ月ニテ完成見込、位置現橋梁ノ稍上流。

3（図們鉄道廣軌改築ニ伴フ護岸工事ニ對スル和竜縣政府ノ反對請願） （吉公）

其ノ工事上ノ余剰岩石ヲ江上ニ放棄スルタメ、水流ニ変化ヲ来タシ支那側江岸ニ水害ノ怖アルニ付日本側ニ交渉サレタキ旨、八月下旬和竜縣政府ヨリ吉省政府ニ請願カアツタ。

4（中国鉄道ノ各駅ニ陳列棚ヲ設置シ国貨愛用方訓令） （奉事）

東北交委ハ鉄道部ノ訓令ニ基キ、各鉄道ニ其ノ計画方ヲ命シタ。

636

636

5 （北寧現金出納帳バランスシート）

6 （開豊汽車公司停車場増設説）　（鉄地）

近来貨客ノ増加ニ依リ八月十五日ヨリ次ノ四ケ所ニ臨時停車場ヲ設クル由、八里橋子・馬市堡・二道河子・乾溝子。

7 （吉海鉄路ノ奶子山炭購入）　（吉公）

吉海ニテハ奶子山炭ヲ購入スルコトトナリ八月上旬ヨリ其ノ輸送ヲ開始シタカ、八月中吉海沿線向一九車ニ達シタ、尚現在吉海一日ノ使用量約三車テ、西安一・奶子山一ノ割合テ購入スル豫定テアルト。

8 （八月下旬，吉長各駅発吉林逆送穀類数量）

七七車（前旬四九車）内頭道溝発大豆一三車・高粱三四車。

9 （本渓湖無電設置）

八日夜ヨリ通信ヲ開始シタ。

637

637

10 （葫蘆島無電続報）

威海衛短波無電ヲ葫蘆島ニ移動中。日報六第一二二号14項参照

11 （札賚諾爾炭ノ採掘ー九月八日露紙所載）（国際）

東支鉄道ハ最近札賚諾爾炭ノ採掘準備ヲ進メテ居ルカ、場所ハ主トシテ新礦区テ管理局ノ直営事業テアル、本年十一月迄ニハ二万屯ノ採掘ヲ行フ豫定テアルト。

638

638

○経済

1（黒竜江官銀号ノ昭和五年度決算）（斉公）

黒竜江官銀号ハ昭和五年度決算ヲ終了、純益哈大洋四六八万元ヲ計上シタ、右ハ斉克沿線特産物ノ増加ト附属事業ノ好況ト称セラル。

2（営口油房八月中ノ豆粕生産高ト輸移出高）（営地）

営口油房八月中ノ豆粕生産高ハ、昨年同期ニ比シ非常ナ活況ヲ呈シ、大型粕五五五、六六〇枚・小型粕四二〇〇枚ニテ、昨年同期ニ比シ大型粕ハ四二五、六六〇枚・小型粕ハ一八、八〇〇枚ノ増加ヲ示シテイル。

3（北票炭鉱ノ分廠設立計画）（石地）

北票炭鉱ハ本年冬季需要期前迄ニ、満鉄沿線各都市ニモ分廠ヲ設置シ、大量取引ヲ為ス計画ナリト。

4（駐奉米国商務官ノ調査員採用）

奉天商埠地ニアル米国商務官事務所テハ東北ノ経済事情調査ノ為、支那人数名ヲ雇入レタ。

638

639

5 （啓東股份公司ノ内容）　（奉事）

從前英米トラスト煙草部ハ英米煙公司・永泰和公司・ロバート公司ノ三社ヲ管轄シテイタカ、販賣ノ統制ヲ保チ經費ノ節減ヲ計ル為前記三社ヲ合併シテ啓東股份公司ヲ組織シ、從前通リトラスト煙草部ニ於テ監視スル事トナッタ。

6 （外国製マッチダンピング禁止命令）　（奉事）

東北マッチ專賣局ハ外国製マッチノ販賣禁止命令ヲ一般商民ニ通告シタ。

7 （琿春附近金鑛借款説）

金鑛代表王志超ハ採掘困難ナル為、機械ノ設備・鑛脈ノ鑑定等ノ為技術員ノ必要ヲ感シ、在哈白黨露人ト露支合弁ヲ為ス可ク交渉中ナリト。

8 （長春市商會ノ市場救濟請願）　（吉公）

長春市商會ハ吉林実業廳ニ對シ、市場救濟ノ為官帖ノ維持並貸出方

640

640

請願シタ。

9 （遼寧省政府ノ青田取引禁止命令公布）　（奉事）

10 （開原地方本年産高粱出廻ル）　（開駅）

11 （滿洲ニ於ケル捲煙草ノ取引習慣）　（奉事）

641

641

○政治

1（高紀毅四全大會出席カ）

北寧鉄路特別党部ハ高局長ヲ代表トシテ選出手続中ナリ。 （北公）

2（奉・吉・黒省整指修章程改称）

促修街基・令修整荒地、（七月十日） （吉公）

3（吉林省清理田賦局ノ土地丈量用弓改正）

今後各属地畝清査ニハ市尺ヲ用ヒ丈量シ其ノ弓丈数ハ旧制ニ照シ計算スヘシ、 註 一市尺ハ1/3メートル、一畝ハ六千平方市尺。 （吉公）

4（中央党部ハ排日宣動戒告通令ヲ出ス） 八月十二日。 （吉公）

○社會

1（遼遼女子師範学校開設） （鄭公）

2（在浦塩極東辺疆ソヴエート執行委員會高麗部ノ失業鮮人利用ト赤化党員養成計画） 入手。

642

訂正

日報六第一二九号、社會欄第7項「国民政府」トアルハ「国民府ノ誤リ。

○人事

1（遼寧省縣長ノ任命—二〇、九、二附）

懐徳縣々長　趙沢民　（元盤山縣々長）

盤山縣々長　冷全舜

遼源縣々長　徐維新　（元瀋陽花旗銀行経理？）

643

秘

調査課資料係

商工課長　産業係

情報日報　六第一三一号　昭和六年九月十五日

○交通

1（竜井村・開山屯間乗合自働車運轉開始）　（吉公）
昨年九月創立ノ興記自働車部ハ今回天図鉄道ニ對抗シテ、竜井村・開山屯（天図鉄道ノ終点ニシテ国際鉄橋ヲ渡リ鮮鉄図們線ニ連絡）間ノ運轉ヲ開始スルコトニナツタ　使用自働車二台・運轉時間一時間三五分（天図鉄道ハ三時間四五分）・賃金一円五〇銭（天図鉄道ハ並等運賃一円四一銭）・開通期日本月中旬ノ見込。

2（昨年度吉海鉄道支拂貨物積卸賃金）　（吉公）
吉海鉄道カ請負人ノ興吉轉運公司ニ支拂ツタ総額（自一月至十二月）ハ吉大洋一万六千余元テアル。

3（自一月至四月吉海各駅積卸貨物数量及積卸請負支拂賃金）　（吉公）

4（八月中吉長各駅発吉林逆送穀類数量）　（吉公）
計一六七車　内頭道溝站発大豆三〇車・高粱五三車、尚四月以降八

643

644

644

月末迄逆送穀類累計六一八車　内頭道溝発二九一車。

5 （八月分吉海鉄路運輸概況）

6 （洮昂鉄路ノ江橋河豆輸送計画）　（洮公）

本年ハ約二五〇車ヲ、主トシテ大賚・扶余方面ヨリ輸送スル見込テ既ニ一部ハ河北ニ向ケ発送サレ、現在江橋站ニハ野積三〇余車ヲ有シテオル、設備ハ既ニ現江橋橋梁カラ下流地点ノ江岸ヘ引込線ヲ敷設シ、年内ニハ倉庫ヲ建築シ、明年ハ埠頭ヲ新設スル豫定テアル。

7 （北寧鉄路通遼駅八月下半期営業報告）　（鄭公）

8 （昭和五・六年度自三月至七月鴨緑江水運ニ依ル安東到着雑穀数量比較表）　（安地）

9 （松花江帆船隊ニ関スル調査ー東省雑誌第七号所載）　（長駅）

10 （富錦大豆露領向輸出）　（国際）

従来シユルクニ向ケテオツタカ、次回カラハ直接イマンニ向ケルコ

645

645

トトナリ、汽船ニハ船主ノ代表者一名及エ・フ側代表二名（内一名ハ領事館員）同船シテ輸送途中ノ事故ヲ防止スルト、運賃布度當一三銭。

11（渤海鉄路ノ吸貨策）
宣傳竝勧誘ノタメ大連・営口・安東ノ三地ニ駐在員ヲ派遣スルコトトナリ、両三日前出発セシメタ。

12（自一月至六月和蘭輸入豆粕統計）（哈事）

訂正　日報六第一二七号2項（吉林全省省道築造計画）末尾
誤ー実現性アリトモ思ハレル
正ー実現性アリトモ思ハレヌ

646

○経　済

1（通遼ニ於ケル蘇聯石油販賣状況）　（鄭公）

2（水害救済費捻出方法ニ関スル建議案）　（上事）

九月七日附イヴニング・ポスト紙ノ報道ニヨレハ、熊希齢氏ハ水害救済費捻出ノ建議案トシテ　一、外債、内債支拂ノ一ヶ年休日案　二、輸入税ニ對スル水害附加税賦課　三、水害救済外債ヲ英米両国ヨリ募集ヲ主張シタ。

3（時局ト奉天城内日商ノ取引状況）

日支関係ノ険悪ナルニモ不拘奉天城内日商ノ對支取引状況ハ通常ト変ラヌ。

4（河北ニ於ケル油房開設問題）　（営地）

本年来営口油房業カ各地一般油房業ノ不振ナルニモ係ラス支那側鉄路ノ運賃政策ニ因ル原料大豆ノ買付並ニ工場採算ノ有利ナル為頗ル活況ヲ呈シツツアルヲ以テ、辺業銀行並其他油房業者ハ河北

647

ニ油房ノ開設ヲ計画シツツアル模様テアル。

5 （中央銀行北平弁事処ノ兌換券発行）　（北公）

北平弁事処カ北平市中ニ流通セシムル兌換券ハ約一〇万元ニシテ準備金トシテ、商務総会ニ二万元ノ担保金ヲ提供セリト。

6 （瀋陽市商會ノ国貨使用通告）

瀋陽市商會ニテハ国貨銷售所ノ通告ニ基キ、支那人向キ日需品製造各工場ニ對シ今後国産原料ノ使用方通告シタ。

7 （七月分間島物産出廻表）入手。　（吉公）

8 （吉林ニ於ケル穀物及錢鈔市況）　（吉公）

9 （通遼糧食交易所仲買人賣買損益表）　（鄭公）

10 （九月上旬中南支商況）

648

○政治

1（上海各界反日援僑委員會宣言書）入手。

2（中国々民党中央執行委員會宣傳部ノ排日宣傳文「為朝鮮排華慘案及万寳山事件告全国民衆書」）入手。

3（日本ノ對支積極行動ニ對スル遼寧省政府訓令）入手。

4（大倉組人質事件ノ馬賊首魁紅勝洮南ニテ逮捕サル）九月七日。（洮公）

5（匪賊ノ猖獗ト日本人ノ武器供給禁止ニ関スル命令）遼寧省政府ヨリ各縣政府ヘ、九月七日附。（開地）

6（東方問題研究會ノ内容調）入手。（北公）

○社會

1（中国共産党第七次全国代表大會）（北公）
本年十・十一・十二月中ニ、上海・大連・浦塩・香港・廣東・天津

648

649

ノ内何レカノ地点ニ於イテ開催ノ豫定デアルト。

2（斉々哈爾領事館内居住朝鮮人人口統計表－昭和六年七月末現在）
入手。

3（国民府系不逞鮮人團、朝鮮革命軍ノ内容沿革大要）　入手。

4（安東ニ於ケル中国人移民ノ移動状況－七月分）　入手。　（安地）

5（鄭家屯ニ於ケル識字運動宣傳大會）　（鄭公）
九月十二日挙行サレタ。

6（間島琿春地方学校調査表）　入手。

650

营口商业会议所关于提交当前时局下营口市场概况事致满铁地方部商工课的函（一九三一年九月二十三日）

276

營商発第一九四號

昭和六年九月廿三日

營口商業會議所

產業係

商工課長

南満洲鉄道株式會社地方部商工課長殿

時局ニヨル営口市況報告ノ件

拜啓　時局関係ニヨル営口市況ノ概畧ニ就キ不取敢別紙ノ通リ及御報告候也

營口商業會議所

278

附：营口市场概况

277

時局ニヨル営口市況概略

九月十八日夜突如奉天ニ於テ火蓋ヲ切ラレタ日支事件ニ次デ當地ハ翌十九日午前六時軍隊ノ来営アリ直チニ練軍営、漁業総局、公安局等ノ武装解除ヲ行ヒ其他支那諸官衙、銀行ヲ占領スルト共ニ一面河北驛ヲモ占領シ其間何等ノ衝突モナク、午前十一時ニハ早クモ営口ハ我ガ軍政下ニ置カル、ニ至リ、軍政ノ布カル、ト共ニ軍政官岩田中佐ハ軍政布告文ヲ貼付又ハ配布セシメタルニ次デ商民モ之ニ依リ漸ク安堵ノ思ヲナシ一時恐怖ノ果門戸ヲ閉シタル商戸モ追々門戸ヲ開キ市中ハ漸次平穏ニ帰シタ。

十九日我軍ノ河北占領ニヨリ北寧線ニヨル當河北駅ノ発着ハ全ク杜絶シ、満鉄線ニヨル発送貨物ハ近来銀安及ビ北寧線関係ニヨリ減少シテキタガ時局ニヨリ一層減少シ十八日ノ二百二十瓲ヨリ、十九日ニハ百六十四瓲、二十日、六八瓲、廿一日、三〇瓲ニ減シ、到着貨物ハ発送程ノ激

279

減ハ示サナカッタガ、需要期ヲ控ヘテノ石炭到着ヲ際ケバ十七日ノ二千七百八十五瓲ヨリ十八日ノ千七十六瓲、十九日千五百五十八瓲、二十日六百十瓲、廿一日ニハ八千五百十四瓲ヲ示シテ居ル。而モ之等ノ大部分ハ発送駅ニ於ケル従来ノ在荷ニシテ新規出廻ノモノハ皆無ノ有様デアル。

営口港貿易ハ平常ト変リナクタガ、十九日時局ノ為メ海関ハ閉門シタ為メ、出港船ノ二三ガ出帆延期セル位ニテ海関モ廿一日ヨリ執務ヲ開始シタ。但シ時局ノ貿易ニ及ボス影響ハ今後一時出現スルモノト思ハレル。

十九日我軍ノ来営ト共ニ当日ハ日本側銀行モ一日臨時休業ヲナシ、支那商民又恐怖ノ為メ門戸ヲ鎖シ取引ハ停止ノ状態ニアッタガ我軍政官ヨリノ布告ニヨリ辛ウジテ門戸ヲ開クモノアリタルモ、彼等ハ時局ニハ安堵セルモノ、附近ニ匪賊ノ跋扈甚シキ為メ却テ之ヲ恐レ未ダ充分ノ商売ヲ行フニ至ラナカッタ。然シ二十一日附ヲ以テ軍政官ハ「廿一日ヨリ埠内ノ治安、警備ハ日本軍隊指揮ノ下ニ中國軍警ヲシテ之ヲ擔

278

セシム、各銀行ハ廿二日ヨリ営業ヲ開始セシメ、銀行営業及個人預金ハ日本軍隊ニ於テ特ニ之ヲ保護スルニヨリ各商民ハ安心シテ其ノ業務ニ就クベク、尚ホ万一物價ノ不當昂上又ハ暴利ヲ貪ルガ如キ奸商ハ探査ノ上之ヲ嚴罰ニ処ス」ト旨佈告シテヨリ人心漸ク安定スルニ至リ、支那銀行ハ佈告ノ如ク廿二日ヨリ営業ヲ開始セルガ預金引出ニ対シテハ明日ヨリ為ス旨通知セルヲ以テ取付騒ギモ無ク平穏ニテ

商店モ同日正午迄ニハ問屋筋ヲ除ク外ハ八九分迄開店スルニ至ッタ。

問屋筋ハ仲秋節ノ常例休業モ近ク又仲秋節需要取引モ一段落告ゲタルコトヽテ其儘節句ヲ延スモノト思ハレル。

油坊ハ廿二日ニ小規模ノモノハ操業シ、廿三日モ操業シタガ総テ二三時間位ニシテ止メテ居ル。油坊筋ハ河北物ノ到着杜絶ト其他出廻停滞大豆減少ニテ大量ノ生産不能ノ状態ニアリ。且ツ河北物ヲ契約セルモノハ其ノ杜絶ニヨリ相当ノ影響ヲ蒙リタルモノアラント思ハレル。

營口商業會議所

280

尚ホ内地方面ヨリ時局関係ヲ材料トシテ特産買注文頻繁ニ来ルモ目下ノ状況ニアリテハ当地特産商モ買付ニ手出シ出来ヌ有様デアル。

当地銭鈔ハ廿二日漸ク取引アリ時局関係ト大連大暴騰ヲ受ケテ大洋（票）対金四十六元乃至四十七元ヲ唱ヘ廿三日午後四十五元ヲ唱ヘ、過炉銀ハ廿三日初メテ約二千両ノ小口取引アリ、相場ハ大洋対過炉銀二百〇八両ヲ唱ヘタ。

時局柄生活必需品ノ暴利取締ニ関シテ関東廳警務局長ヨリノ訓電ニヨリ当警察署長ノ命ニ依リ当商業會議所及輸入組合ハ各関係筋ニ廿一日附移牒シタ

满铁营口地方事务所关于报告时局综合情报事致满铁地方部、总务部调查课等的函（一九三一年九月二十九日）

綜合營地資第一三九號

昭和六年九月二十九日

營口地方事務所長殿

地方部長殿

調査課長殿

奉天事務所長殿

時局綜合情報（九月二十六日マテ）

(一)軍政區域ト軍政ノ名稱廢止ニ就テ

(二)金融維持ト華商ノ開店狀況

(三)沒收金ノ返還ト諸經費及給料ノ支拂

(四)交通教育方面

(五)避難民ノ來營狀況

(六)營口附近ノ一般情勢

記

357

358

(一)營口保障占領トトモニ軍政施行ニ關スル聲明書ヲ發シタ岩田軍政官ハ二十三日ニ至リ小職ニ對シ「十九日布告セル軍政ハ占領直後ノ時局多端ノ際ナリシヲ以テ附屬地ヲモ軍政下ニオク旨ヲ聲明シタカソノ後人心モ漸ク安定シタルタメ本二十三日ヨリ附屬地ノ行政ハ之ヲ軍政區域ヨリ除外スルトトモニ附屬地外ニ於テモ軍政ナル言葉ヲ廢止シ守備隊長トシテ行政ニ當ルカ支那側ニ對スル軍政布告ハ別ニ之ヲ取消サス」トノ意味ノ申出アリ。サキニ公布セル軍政施行ノ聲明ハ未タ布告ニ依ル正式ノ取消ナクソノママ現在ニ至ツタカ附屬地外ノ行政ハ營口縣長ニ埠内ノ治安警備ハ商埠公安局長ニ之ヲ行ハシメ守備隊長トシテ之ヲ指導監督シツツアリ尚ホ荒川領事ハ二十五日英國領事ニ對シ「軍政施行ハ占領直後ノ時局多端ノ際トテ岩田中佐ヨリ之ヲ聲明シタルモ帝國政府ノ命ニ依レルモノテナク從ツテ今後ハ軍政ナル言葉ハ之ヲ取消ス云々」トノ意味ノ申出ヲナシ諒解ヲ求メルトコロカアツタ

360

359

8

(二)總商會ノ懇請ニ依リ二十二日開店シタ華商ハ殆ト日用必需品販賣ノ小商店ノミニテソノ後開店數モヤヤ增加シタルモ大商店問屋等ハ依然トシテ門戶ヲ閉シテ休業シツツアル狀態ニテ操業ヲ開始シタ油房數戶モ二十三日馬賊襲來ノ謠言ニテ直チニ操業ヲ中止スルニ至リ過爐銀モ二十三日過爐銀對現大洋二兩〇八ノ相場建チタルモ二千兩內外ノ需要止ムヲ得サル小口取引ニ終リ一般休業中ノ華商ハコノママ當例休業ノ仲秋節關ヲ越スコトトナッタ。尙ホ營口軍政ハ金融維持ノタメ二十三日總商會ニ於テ開催サレタ金融維持會議ノ意向ヲ斟酌シ二十四日布告第五號ヲ以テ左記三項ヲ布告シ規定ニ從ハス妄リニ相場ノ變動ヲ行ヒ市場ヲ攪亂スルモノハ嚴罰ニ處スル旨布告シタ

(一)營口過爐銀卯期(決裁期)ハ每年四卯期(卽チ舊曆三、六、九、十二月)ニシテ現ニ屆カントスル第三卯期ハ每錠現大洋二十七元五角ヲ以テ決裁ノ標準トナシ今後ノ每卯モコノ價ヲ以テ規定トナス

361

(二)奉大洋票五十元（即奉小洋票六十元）ハ現大洋壹元トス

(三)鈔票壹元ハ現大洋壹元。現大洋壹元ハ鈔票壹元ト同等ノ價値トス

(三)我軍ノ營口保障占領ト同時ニ一時沒收シタ在營口支那側各銀號ノ金額ハ中國銀行ノ現大洋八八、四八〇元九二、東三省官銀號ノ現大洋三六、五〇〇元現大洋票二五四、二四一元九六、奉天大洋一三、六四〇、五四九元三四ニシテソノ後中國銀行ノ沒收金現大洋八八、四八〇元九二ハ全部海關關係經費、鹽務關係經費、郵務關係經費ナルタメ之ヲ返還シ東三省官銀號ノ分ハ前記沒收金中九月分俸給トシテ諸官衙官吏ニ支拂ヒタル金額奉大洋票三、二〇四、六三八元及捕虜軍人ノ食料等ノ諸經費奉大洋票一九五、七二五元五〇計三、四〇〇、三六三元五〇並ニ總商會保證ノ下ニ守備隊名義ノ銀行預金トシテ現大洋票二〇〇、〇〇〇元ヲ返還シタル外ノ殘額ハ目下我カ軍ニ於テ沒收中ノモノテアル、尚ホ邊業銀行ノ現大洋二〇〇〇元モ沒收中テアル。カクテ仲秋節關前ニ從來ノ不渡給料ヲ除キ前記金額ヲ九月分俸給トシテ縣政府ニ稅捐局、

361

漁業局、商埠公安局、縣公安局、第四團　統稅弁事處、憲兵第二隊等ニ對シテソレソレ支給シタルタメ市面モ漸ク活氣ヲ帶ヒ何レモ好感ヲ以テ迎ヘラレツツアリ

(四)事件勃發後河北驛驛長以下驛從事員ハ悉ク四散シ殆ント海路天津方面ニ引揚ケタルタメ貨客輸送ノ責任者ナク發著貨物ハ皆無トナリ未タニ列車ノ運行ハ中止サレツツアリ（支那側電信ノ感應モ二十五日ニ至リ再ヒ斷絶ス）事件當時ノ河北在貨約三五〇車ノ中麥粉、雜貨、鹽等ノ發送貨物カ二十一日頃ヨリボツボツジャンクニテ河南ニ逆送サレルニ至リ約六〇車ニ達シテイル。從テ河北驛ノ現狀ヲ繼續スル限リ營口驛ニハ相當ノ好影響ヲモタラスモノト思ハル。尚ホ十九日以來休業中ノ省立水產學校、縣立各中等學校四ツノ他各小學校ハ二十三日小學校二、三ノ開校ヲ見タルノミニテ未タニ休業ヲ續ケテイルカ十月一日頃ヨリ開校ノ豫定ナリト

(五)二十二日以來奉天方面ヨリノ避難者續々滿鐵線ニテ來營、汽船ニ依テ天津、山東方面ニ引揚ケルモノモアリ目下在營各客棧ハ何レモ滿員狀

363

態ヲ呈シテイル・時局以降二十六日マテニ來營セル避難民ハ大体左ノ如シ

	奉天	長春
十九日	四五	｜
二十日	四一	｜
二十一日	六四	｜
二十二日	五八四	五九
二十三日	七六二	九二
二十四日	八六九	三五
二十五日	五一三	一〇九
二十六日	六六七	四一

(六)營口ニ於ケル我カ軍ノ軍事行動モ一段落トナリ埠内ノ警備モ支那側公安局ニテ維持サレ漸ク平靜ニ歸シタカ小盜ノ被害頻々トシテ起リ馬賊ノ襲來說頻リニ傳ハルナト未タ人心ハ完全ニ落著カス二十三日馬賊約

363

二百名カ田庄台ヲ包圍シ總商會ニ對シ現洋二十万元ヲ強請シ同地駐在ノ練軍營殘兵約百名（我カ軍カ武裝解除ヲ行ヒタル際馬賊討伐ニ出動中ナリシモノ）ト對峙スルニ至リ對岸水源地ノ危險切迫ノ模樣アルタメ我カ軍ハ兵約三十名、警官五名トトモニ水源地ニ急行現地保護ニ任シタカソノ後馬賊團カ北方ニ敗走シ練軍營殘兵モ田庄台ノ商團兵トシテ同地ノ治安警備ニ當リ積極的行動ニ出テサルタメ水源地ノ危險モナクナリ我軍ハ二十六日引揚クルニ至ツタ、目下ノ處營口附近ハサシタル馬賊ノ蠢動モナク平穩テアル

365

467 (タイプ紙四號) 南滿洲鐵道株式會社

寫
地、商工課長

哈庶勸六第七八號一七ノ一
昭和六年十月二日

哈爾濱事務所長

總務部調査課長殿

商工課長

産業係

時局ニ依ル哈市經濟界ノ影響ニ關スル件

首題調書一部送付申上ク

(6. 2. 堀內納)

470

468

(タイプ紙四號) 南滿洲鐵道株式會社

自昭和六年九月十九日
至昭和六年九月廿九日

時局ニ依ル哈市經濟界ノ影響

哈爾濱事務所庶務課

(6. 2. 堀內納)

471

469 (タイプ紙四號) 南滿洲鐵道株式會社

目次

(6. 2. 堀内納)

472

第一　大豆市況

定期市場ハ事變勃發以來兎角亂調子ナレト大体ニ於テ哈大洋相場崩落傾向著シキ爲哈大洋賣大豆買ノ乘替ノオペレーション盛行セラレ寧ロ强保合狀態ニアリ卽チ左記足取ヲ示ス

濱江證劵糧食交易所　十月限　大豆　後場引相場

九・一八	八八・二五仙	事變勃發前日ノ引相場
〃　一九	〃　九〇・〇〇	事變勃發入報ニヨリ市場ノ空氣緊張シ相場亂調子ナリ（寄付八六・二五　高値九二仙　安値八五・〇〇　後引九〇仙）
〃　二〇	〃	日曜相場建タス
〃　二一	八七・〇〇	事變擴大ニ伴ヒ謠言百出不安人氣濃厚トナリ且歐洲續落ノ爲賣氣强ク相場下押

月	日	相場	摘要
九	二二	每布度 九一・〇〇	歐洲大連ヨリ入電ナク時局警戒人氣ナレト哈大洋暴落氣配ノ爲哈大洋ヲ穀物ニ乘替スル買物續出シ相場硬化
〃	二三	〃 九一・〇〇	哈大洋反騰ヨリ相場下押セルモ歐洲ノ暴騰（磅爲替暴落ノ爲）ニヨリ再ヒ持直シ
〃	二四	休市	仲秋休市中ノ內氣配ハ南方向爲替ノ激落ヲ豫想シテ買氣旺盛、十月限九五仙見當ト昂騰セリ
〃	二五	〃	〃
〃	二六	〃	〃
〃	二七	〃	〃
〃	二八	每布度 九一・〇〇	十月限後場出來ス內氣配ハ九一仙見當倫敦ハ磅爲替動搖ノ爲買氣ナク大連ハ軟調現物亦輸出筋見送リニヨリ買氣ナク總体ニ於テ取引閑散不味

472

南満洲鐵道株式會社

(タイプ紙四號)

九 二九　毎布度　九一・七五（但シ前場引値）

十月限後場引出來ス
東三省政權分解懸念ノ爲哈大洋崩落シ再ヒ哈大洋ノ大豆乗替買盛行セラレ相場上伸

現物市場ハ邦商カ時局案ト相場亂調子トニヨリ警戒ノ爲買控ヘシ唯一部外商カ押目買付スルノミ。總体ニ於テ閑散不味ナルヲ免レス

第二　小麥市況

定期市場ハ事變勃發以來亂調子ナレト大体ニ於テ大豆ト同樣ノ足取ヲ示シ哈大洋相場崩落傾向著シキ爲哈大洋賣、小麥買ノ乗替ノオペレーシヨン盛行セラレ上向歩調ヲ呈ス

濱江證券糧食交易所　十月限　小麥　後場引相場

九 一八　毎布度　一三四仙　事變勃發前日後場引値

(6.2. 堀内納)

475

月日	相場	摘要
九　一九	每布度一四一仙	事變勃發ノ入報ニヨリ戰爭ト麥粉ノ需要增加ハ原則ナリトノ觀念竝大豆ノ昻騰ニ刺戟セラレ買氣旺盛相場暴騰
九　二〇		日曜
九　二一	〃　一三七〃見當	十月限後場引値タタス但シ一三七仙見當十九日ノ鳴物入ニ雷同買ヲセル咎ノ反動安
九　二二	〃　一四三〃	哈大洋市場ノ立會中止ニヨリ人心動揺シ不安ナル哈大洋ヲ賣ツテ穀物（大豆、小麥）ヲ買ヒ乘替ヘルトノオペレーション盛行セラレ相場急騰
九　二三	〃　一四二〃	大洋市場ノ安定ニヨリ人氣稍落着キ相場弱保合
九　二四	仲秋休市	內氣配ハ大豆ニ追隨シ高調

474

九 二五	仲秋休市	內氣配ハ大豆ニ追隨シ高調
〃 二六	〃	〃
〃 二七	〃	〃
〃 二八	毎布度 一四〇仙七五	休市中ノ內氣配高ト降雨ノ爲寄付高氣配ナリシモ大豆ノ軟調ト環境不良トニヨリ相場下押
〃 二九	〃 一四四	東三省政權分解懸念ニヨリ哈大洋激落シ之ニ件フテ哈大洋實穀物買ノ乘替ノオペレーシヨン再ヒ盛行セラレ旁大豆ノ昂騰ニ刺戟セラレ急騰ス

現物市場ハ地場製粉筋ノ當用及見込買アリ相當商盛ヲ呈ス

第三 哈大洋市況

事變勃發以來時局警戒、長哈間通信杜絕ニヨル暗闇狀態ノ現出、英國

477

ノ金本位制停止、東三省政權ノ分解懸念等ノ強弱材料蝟集シ甚シキ亂調子ヲ演セルモ先行不安多ク崩落傾向著シ

濱江貨幣交易所建値

九一九	寄付 三五・七五圓	引値 三四・五二五圓	事變勃發ニヨリ長哈間通信杜絶シテ南方銀市ノ入電ナク暗闇状態トナリ時局案シノ賣物殺倒シ相場慘落
九二〇	〃 三三・六〇	〃 三四・三〇	前日慘落ノ跡ヲ受ケ時局悲觀ノ爲賣人氣益旺盛トナリ相場新安値ニ崩落ス
九二一	〃 三五・二〇	〃 三五・二〇	英國金本位制ノ停止、大連市場ノ暴騰、長哈間通信ノ恢復等ニヨリ人氣好轉相場大反撥セルモ但シ時局案シノ爲一氣ニ伸ヒ得ス

476

(タイプ紙四號)

南滿洲鐵道株式會社

日付	寄付	引値	摘要
九二二	立會休止 寄付 三五・二〇見當	引値 三四・一〇見當	昨夜爆彈騷アリ日本軍ノ哈市出兵説宣傳セラレ人心動搖、支那官憲市場混亂ヲ慮リテ立會休止ヲ命シ爲ニ暗相場ヲ辿リシカ引出來値三四・一〇見當ニテ軟弱
九二三	〃 三四・七〇	〃 三五・四〇	市場開市ト共ニ綻リ氣配ニテ漸騰セルカ高値ハ警戒セラル
九二四	仲秋休市		內氣配綻リ
九二五	〃		〃
九二六	〃		〃
九二七	〃		〃
九二八	寄付 三六・二〇	引値 三五・三五	海外入電ナケレトモ休市中ノ內氣配高ニ寄付綻リナリシモ高値ハ警戒セラレ漸落

(6.2. 堀内納)

478

九	二	九

寄付 三五・二〇
引値 三四・〇〇

大連保合ナルモ東三省政権分解懸念ヲ傳ヘテ奉天系官商東濟油房及廣信公司ハ猛烈ニ金票買哈大洋賣ノオペレーションヲ行ヒ相場瓦落シ安値三三・四〇ヲ示現セリ

第四　哈市特産物發送高

滿鳥兩鐵道協定ニヨル東南行積出數量ハ事變勃發以來南行カ漸減ノ一途ナルニ反シ東行ハ一時的ニ激減セルモ直ニ頽勢ヲ挽回シ斯クシテ七月以來極メテ優勢ナリシ南行カ再ヒ東行ニ比シ稍劣勢トナルニ至レリ即チ左表ノ如シ

480

南滿洲鐵道株式會社

(タイプ紙四號)

478

	南行 全數量（車）	南行 大豆（瓲）	東行 全數量（車）	東行 大豆（瓲）
九一九	二七三車	二四九〇瓲	一九五車	五七〇瓲
〃 二〇	二四六〃	三五四〇〃	七〇〃	三六〇〃
〃 二一	二一二〃	三四五〇〃	九五〃	｜
〃 二二	三一三〃	二七三〇〃	九〇〃	三五〇〃
〃 二三	二七三〃	三四八〇〃	一四六〃	六〇〇〃
〃 二四	二〇三〃	二七〇〇〃	一五二〃	六五〇〃
〃 二五	一〇〇〃	九〇〇〃	一一二〃	一、五七〇〃
〃 二六	一七〃	｜	九〃	｜
〃 二七	七五〃	一〇八〇〃	一九四〃	二、九〇〇〃
〃 二八	不詳	七二〇〃	不詳	一、〇〇〇〃
〃 二九	〃	｜	〃	｜

(6. 2. 堀内納)

481

第五　輸入貿易

九月十九日早朝事變勃發ノ入報アルヤ邦支商ハ時局擴大ヲ懸念シテ一齊ニ新規取引ヲ見合ハセ中ニハ既契約ノ破棄スラモ行ハレシ爲二十一日長哈間ノ通信恢復ト共ニ内地ニ向ケ註文品ノ積出中止或ハ既契約ノ延期乃至破棄ヲ架電スルモノ續出シ又支那側賣掛金ノ回收ニ汲々タルモノアリシカ併シ哈市輸入貿易ヲ主体トシテ大觀スレハ今日迄ノ處特ニ時局ノ爲大打撃ヲ蒙リ居ラサルカ如シ

之北滿財界稀有ノ不況ノ折柄支那商ハ何レモ仲秋決濟資金ノ調達ニ汲汲トシ假令今回ノ事變ナカリシトスルモ若干ノ新規取引期待出來難カリシ狀態ニアリシノミナラス砂糖、綿糸布、雜貨ノ如キ仲秋需要品ハ既ニ一巡手當濟ニテ唯不足品ヲ補充スル當用小口取引カボツボツ行ハルル程度ニ過キサリシヲ以テ時變勃發ニ依ル取引休止モ殆トサシタル影響ナカリシ次第ナリ

480

時局ニ依ル輸入貿易界ノ影響ハ寧ロ仲秋明タル今後ニアル譯ナルカ之トテモ中南支地方ト異リ民衆ニ對スル官憲ノ威力強大ナル當地方ニ於テハ官憲ノ民衆的排日運動取締カ勵行セラルル限リ時局其ノモノノ推移ニヨル影響ヨリモ寧ロ哈大洋ノ騰落並英國金本位制停止ニヨル世界的經濟影響ニ左右セラルル處大ナルヘシト思惟セラル

第六　邦人金融機關其ノ他

(一)九月十九日以來二十九日迄ニ邦人銀行ニ於ケル預金引出高左ノ如シ

正金銀行	約	一〇〇、〇〇〇圓
朝鮮銀行	〃	一五〇、〇〇〇〃
正隆銀行	〃	五〇、〇〇〇〃
哈爾濱貯金信託會社		六五、〇〇〇〃
哈爾濱銀行	圓	一二〇、〇〇〇〃
	哈大洋	一九〇、〇〇〇元

483

481

合計　大約　三八四〇〇〇圓

右ノ内正金、朝鮮ハ主トシテ露支人ノ引出ニ係リ第一回爆弾騒ノ脅威ヲ受ケテ二十二日ヨリ二十五日ニ亘リ預金引出盛ニ行ハレタリ。正隆、貯金信託及哈銀ハ主トシテ邦人預金者ノ引出ニ係ル（内地、南滿引揚費及籠城費ニ充當スル爲）

(二)哈爾濱貯金信託會社ニテハ九月二十八日ニ至リ事變勃發以來初メテ預金三、〇〇〇圓アリ依テ拂出二、〇〇〇圓差引一、〇〇〇圓ノ入金アリシ譯ニテ居留邦人ノ人心稍安定セル證左ナルヘシ

(三)事變勃發以來賴母子講ノ掛金ナク流會狀態ニテ後日ノ禍根深キモノアルヘシ

(四)哈爾濱輸入組合ニテハ當所諒解ノ下ニ役員會ノ決議ヲ經テ二十二日臨時組合業務ヲ休止シ貸付回收ヲ停止セルカ未タ業務再開ノ見込タタス

南滿洲鐵道株式會社

(タイプ紙四號)

482

(五) 邦人小賣商ノ打撃

事變勃發以來當地ヨリ内地及南滿各地ヘ避難ノ爲引揚シ邦人約一六〇世帶（概算）ニシテ引揚期間平均三箇月一世帶當一箇月間ノ邦人商店買物高平均四〇圓（食料、衣類、雜貨）小賣商店ノ利益率二割ト假定スレハ邦人引揚ニ依テ哈市邦人小賣商店ハ約三五戸蒙ムルヘキ損害ハ（卽チ賣上減少ニ基ク販賣利益ノ減少）約三、八〇〇圓卽チ一店當一〇〇圓餘トナリ可ナリノ打撃トナルヘシ

(6.2. 堀内納)

485

日本关东厅警务局警务课关于提交关东厅警务局警察（州外）现有人员配置表事致满铁总务部次长山崎元干的函（一九三一年十月五日）

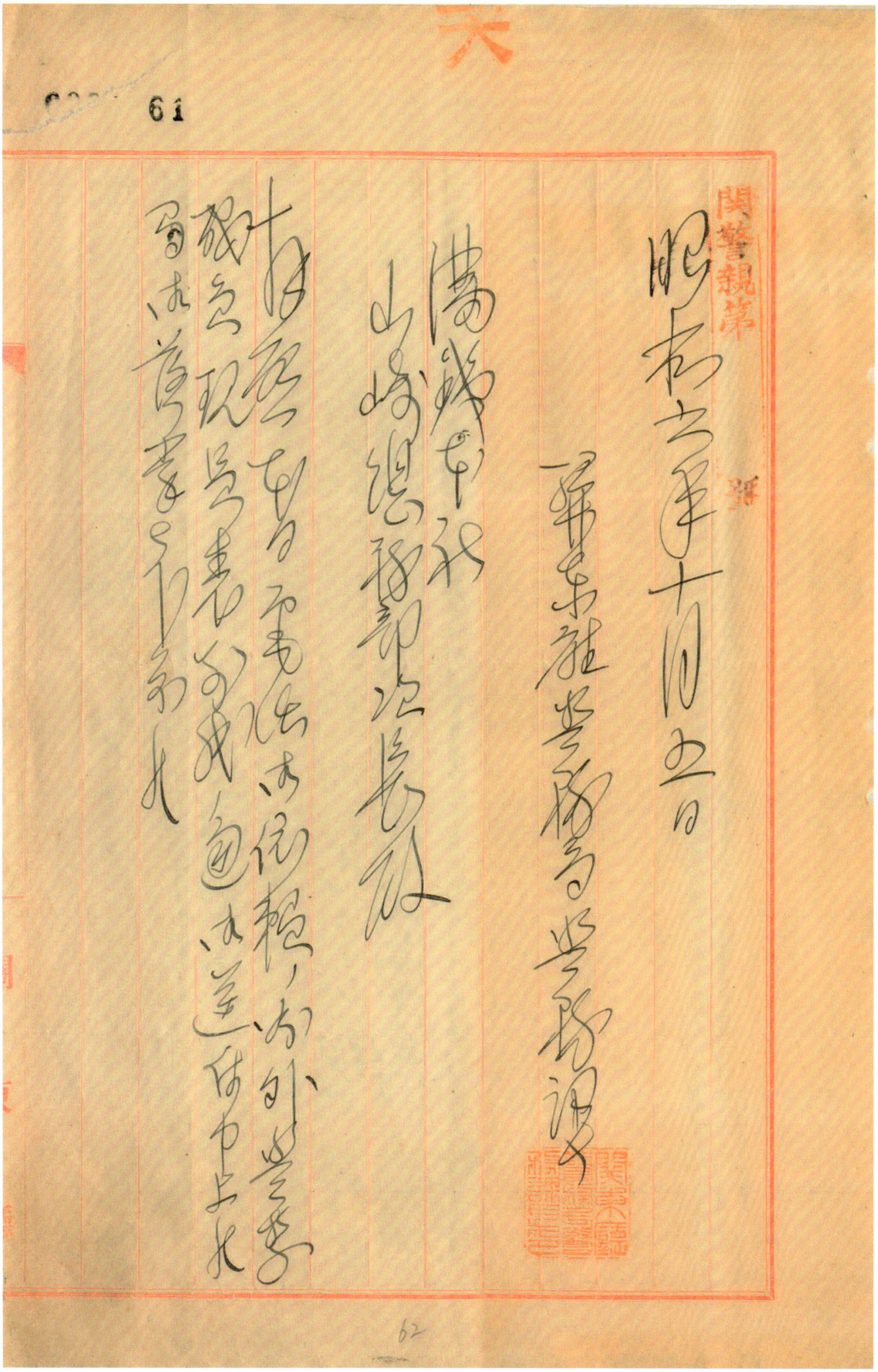

附：关东厅警务局警察（州外）现有人员配置表

警察職員（州外）現員表

昭和六年十月末現在

署所名	警視	属	警部	翻訳生	技手	警部補	巡査	巡捕	嘱託	雇員	計	傭人	合計
練習所													
旅順													
大連													
大連小崗子													
大連沙河口													
水上													
金州													
普蘭店													
貔子窩													
瓦房店			一	一		三	四二	一六		一	六四	四	六八
大石橋			一			三	五一	一五	一	一	七二	四	七六
牛莊營口	一		二	一		四	五八	一七	一	四	八八	一〇	九八
鞍山			一			四	五八	一五	一	一	八〇	四	八四
遼陽	一		一	一		三	四二	一七		一	六六	六	七二
奉天	一	一	七	二	一	一一	三一三	五八	三	二	三九九	一六	四一五
本溪湖			一			三	三六	一八	一	一	六〇	四	六四
撫順	一	一	一	一		六	一三四	三三	一		一七八	六	一八四
鐵嶺			三	一		三	六一	一五		一	八四	四	八八
開原			一	一		四	八六	二七		二	一二一	四	一二五
四平街	一			一		四	八五	二四		一	一一六	五	一二一
公主嶺			一	一		五	六八	一九		一	九五	四	九九
長春	一	一	五	二		九	一六六	四二	二		二二八	九	二三七
安東	一	一	四	一		九	一四八	四八		二	二一四	一二	二二六
計	七	四	二九	一三	一	七一	一三四八	三六四	一〇	一八	一八六五	九二	一九五七

關東廳

63

6 [illegible] 警務トシテ金300円 奉天ヨリ別ニ送呈済

	警視	警部	警部補	部長巡査	計	
遼陽					—	
鉄嶺					—	⑤ 楡鹿
奉天					—	
新民屯					—	
海龍				7.	7.	10
通化		1		15.	16	20
営口					—	
安東					—	
洮南					—	①
鄭家屯		1		10	11.	+1 20
哈爾濱		3	1	30	34.	50
吉林		1	1	15	17.	④ 20
斉々哈爾		1		4	5	10
長春					—	
通遼						①
満洲里						⑧

~~85~~ 90 +20 = ~~109~~ 119

满铁铁岭地方事务所关于报告当前时局对铁岭市场之影响事致满铁地方部的函（一九三一年十月七日）

字

寫 調査課長

鐵地第六二四號ノ一

昭和六年一〇月七日

鐵嶺地方事務所長

地方部長殿

鐵嶺市場ニ對スル時局ノ影響

今回ノ事變カ恰カモ仲秋節直前ニ勃發シタル爲中國商人ハ何レモ書キ入レ並ニ決濟ノ機ヲ失シ殊ニ官銀號ノ閉鎖ニヨリ金融全ク杜絶シ豫テ不況ニ困憊セル日支商人ハ一段ト窮境ニ陥レリ昨今時局ノ漸次平穩トナルニ從ヒ人心モ漸ク安定シツツアルモ商況ノ依然トシテ振ハス事件發生後ノ鐵嶺財界狀況ヲ摘記スレハ左ノ如シ

311

(一)特產市場

例年九月中旬以後出廻リツツアリシ籾ハ奧地居住鮮農ノ大多數カ敗殘兵ノ暴行ヲ恐レ鐵嶺、撫順方面ニ避難セル爲出廻全ク杜絶シ精米業者

313

ハ何レモ拱手傍觀ノ余儀ナキ狀態ニアリ十月一日敗兵討伐ノ爲軍隊ノ出動以來避難鮮農ハ逐次歸農シツツアルモ敗兵通過ノ際慘殺、燒打等ノ慘害ヲ蒙レルヲ以テ其ノ後ノ出廻ハ相當減退スヘク思惟セラル

其ノ他ノ特產物モ時局ノ影響ヲ受ケ近鄕出廻馬車數從來一日百台內外ノモノ五六拾台ニ減セリ

(二)綿糸布市場

事件發生以來一般ノ購買力全然減退シ殊ニ英國ノ金本位制停止ニヨル相場崩レノ爲日支卸賣業者ハ殆ト休業狀態ニ陷リ現狀ノ儘推移セハ破產ノ外ナキモノト憂慮セラレツツアリ

(三)一般小賣業者

事變發生後敗兵襲來ノ報頻々トシテ至リ附屬地居住民ハ頗ル緊張シ一般小賣業者ハ食料雜貨商ヲ除イテハ一時殆ト休業狀態ニ陷リ其ノ後時局漸次平穩ニ赴クモ爾來購買客ハ遽カニ減シ九月中ノ賣上ハ前月ニ比シ半減ノ狀態ナリ

城內ニ於テハ日支官憲機宜ノ處置ニヨリ武裝解除ヲ見スシテ平穩裡ニ

313

終始シ人心動搖ナカリシモ購買客激減シ平日通開店セルモ極度ニ閑散ナル狀態ナリ

(四)金融狀況

事變ト共ニ官銀號分號閉鎖シ金融ハ忽チ杜絕シ取引亦全ク停頓ノ窮境ニ陷リ商家ハ一齊ニ支拂ヲ停止シ錢鈔業者ハ現大洋ノ流出ヲ惜ンテ交換ヲ拒絕シ市況ハ一時全ク暗憺タル狀況ヲ呈シタリカクノ如ク官銀號閉鎖ニヨル金融杜絕ノ影響頗ル大ニシテ商務會ハ目下之カ對策ニ腐心シ居レリ

既ニ之カ一時ノ應急策トシテ過般商務會ニ於テハ豫テ商務會ニテ發行中ノ流通劵ニ加ヘ新ニ五元劵ヲ二萬四千四百元發行シ一時ヲ糊塗セルモ本劵ニハ「本劵暫不兌現本年終以奉小洋票陸拾圓作壹圓收回」ノ刻字アリ爲ニ流用信用ハ極メテ惡シキノミナラス官銀號ノ閉鎖カ永引ケハ更ニ多額ノ是ノ如キ紙幣亂發セラレ遂ニハ容易ニ收拾シ難キ結果トナラサルヤヲ一般ニ憂慮サレツツアリ

尤モ去ル八月中旬金融緩和ノ爲商務會ヨリ發行シタル兌換流通劵ハ九

315

月末迄ノ發行高七萬元ニシテ此ノ分ハ爾來圓滑ニ兌換セラレ市中ニ流通シ居ルモ官銀號閉鎖ト共ニ兌換準備金ノ拂出不能トナリタル爲兌換限度ヲ毎日二千元ト定メ連日流通券ニ對シ順調ニ兌換ニ應シ居レリ猶右兌換ノ準備金トシテ鮮農支店ニ對シ金壹萬圓、日華銀行ニ對シ金六萬圓ノ借用方目下運動中ナリ

(五)税捐局ノ狀況

事變ト共ニ取引全ク中絶シタル爲税捐局ハ殆ト休止ノ狀態トナリ新台子、亂石山ノ各分局並ニ市内分駐所ハ悉ク閉鎖シ目下出產税以外ノ徵税ハ全ク中止ノ狀態ナリ

(六)物價

附屬地ハ平時ト殆ト變化ナシ

城内ニ於テハ一般ニ約五分程度騰貴セリ

满铁奉天公所赤塚关于提交外务省在中国各地配备警察数量一览表事致满铁总务部庶务课的函

（一九三一年十月十六日）

82

領事館在勤外務省が警察官表

各地之件照會の様でしたが當地領事

館之件は満洲其他各地のもの取調べて見ま

したところ別紙の通りです。

当地係のは早速電報にて打合せますが

が、別紙は最近のものとは違ひ

御送付します。

奉天公所 赤塚

総務部庶務課長殿

83

83

秘

外務省在支警察職員配置數一覧表

昭和六年八月末日現在（外務省人事課名簿ニヨリ作成）

地域	公館名	警視	警部	警部補	部長	巡査	計
間島	間島總領事館警察部	一	一	一	二	五	一〇
	同上警察署	〇	三	三	七	八五	九八
	〃 大拉子分署	〇	一	〇	一	九	一一
	〃 南陽坪分署	〇	〇	一	〇	一〇	一一
	〃 銅佛寺分署	〇	一	〇	一	一〇	一二
	〃 天寶山分署	〇	一	〇	一	一五	一七
	〃 百草溝分館警察署	〇	一	〇	四	三〇	三五
	〃 局子街分館警察署	〇	一	一	五	三八	四五
	〃 傑滿洞分署	〇	〇	〇	一	一〇	一一
	〃 八道溝分署	〇	一	〇	一	九	一一
	〃 依蘭溝分署	〇	〇	〇	一	七	八
	〃 嘎呀河分署	〇	一	〇	一	九	一一

赤塚 6.10.10

（ヨ－0101） B列5 南滿洲鐵道株式會社 （6. 6. 共和調製）

84

84

	〃 涼水泉子分署	〇	〇	〇	一	八	九
	〃 頭道溝分館警察署	〇	一	三	五	五〇	五八
	〃 釜洞分署	〇	〇	一	〇	九	一〇
	〃 二道溝分署	〇	一	〇	一	一八	二〇
	〃 琿春領事分館警察署	〇	一	一	七	三九	四八
	〃 黒頂子分署	〇	〇	一	〇	九	一〇
	〃 頭道溝分署	〇	一	〇	一	一〇	一二
	間島小計	一	一五	一一	四〇	三八〇	四四七
滿蒙	滿洲里領事館	〇	一	〇	一	六	八
	齊々哈爾領事館	〇	一	〇	一	三	五
	哈爾濱領事館	〇	三	一	七	二三	三四
	長春領事館長安分館	〇	〇	〇	一	一	二
	吉林總領事館	〇	三	一	二	一五	二一
	奉天總領事館海龍分館	〇	〇	〇	一	六	七
	鐵嶺領事館掏鹿分館	〇	〇	〇	一	四	五

85

	鄭家屯領事館	〇	一	〇	四	五	一〇
	〃 通遼駐在	〇	〇	〇	〇	一	一
	〃 洮南駐在	〇	〇	〇	〇	一	一
	奉天總領事館通化分館	〇	一	〇	二	九	一二
	同上 輯安駐在	〇	〇	〇	一	一	二
	〃 桓仁駐在	〇	〇	〇	〇	二	二
	赤峰領事館	〇	〇	〇	一	二	三
	張家口領事館	〇	〇	〇	一	二	三
	滿蒙小計	〇	一〇	二	二三	八一	一一六
本部	北平公使館	〇	一	〇	一	六	八
	天津總領事館	〇	四	一	八	四三	五六
	芝罘領事館	〇	一	〇	〇	四	五
	青島總領事館	〇	三	二	八	三一	四四
	〃 坊子分館	〇	一	〇	一	五	七

86

濟南總領事館	〇	一	一	六	二二	三〇
〃張店分館	〇	〇	〇	一	四	五
〃博山分館	〇	〇	一	一	五	七
〃淄川駐在	〇	〇	〇	一	一	二
〃南定駐在	〇	〇	〇	〇	一	一
成都總領事館	〇	〇	一	〇	一	二
重慶領事館	〇	一	一	一	三	六
宜昌領事館	〇	〇	〇	一	一	二
沙市領事館	〇	〇	〇	一	二	三
長沙領事館	〇	一	〇	〇	三	四
漢口總領事館	一	一	一	六	五〇	五九
鄭州領事館	〇	一	〇	〇	二	三
九江領事館	〇	一	〇	一	二	四
蕪湖領事館	〇	一	〇	一	一	三
南京領事館	〇	一	〇	一	五	七

(ヨ-0101) B列5 南滿洲鐵道株式會社 (6.6.共和謹製)

87

蘇州領事館	〇	一	〇	一	七	九
杭州領事館	〇	一	〇	〇	二	三
上海總領事館	一	四	二	七	二〇	三四
福州領事館	〇	一	〇	一	八	一〇
廈門領事館	〇	一	一	四	一七	二三
汕頭領事館	〇	一	〇	〇	六	七
廣東總領事館	〇	一	〇	二	五	八
雲南領事館	〇	〇	〇	一	〇	一
支那本部小計	一	二八	一一	五五	二五七	三五三
全支那總計	二	五三	二四	一一八	七一八	九一五

长春商工会议所关于九一八事变对长春经济影响之调查报告（一九三一年十月二十六日）

長春地方事務所長

商工課長

產業係

長春商工會議所

261

滿洲事變ノ長春財界ニ及ホシタル影響調査

一、一般概況

去ル九月十九日拂曉突然勃發セル事變ハ必然的ニ經濟界ニ甚大ナル影響ヲ與ヘタルカ之ヲ事變直後。秩序稍恢復ノ後ト將來トニ大別シテ記述スレハ左ノ通リテアル

(一)事變直後(約一週間)

事變發生ト共ニ城內交易所及附屬地取引所ニ於ケル立會ハ不能ニ陷リ爲ニ貨幣相場ハ闇相場ヲ出現シ。當地方ニ於ケル主要ナル地方通貨タル吉林官帖ハ事變直前ニ於テ鈔票對三六九吊金票對八三四吊ナリシモノ十九日午前ハ市中錢莊ニテ金票一千百吊迄暴落シテ午后ヨリ交換ハ停止サレタ。續イテ二十一日ニ至リ英國ノ金本位制停止ノ爲メ銀相場ハ奔騰シ當地ニ於ケル貨幣相場ハ全ク混沌タル狀態トナツタ

通貨ノ不安定ト時局ノ前途ニ對スル不安ハ直チニ對支商取引ニ支障ヲ來シ全ク杜絶ノ狀態トナレリ

一方長春在住邦人ハ萬一ノ場合ヲ懸念シ出來得ル限リ現金ヲ所持セントス

263

ル傾向ヲ生シ比較的信用薄弱ナル小金融業者方面ヘノ預入金ハ續々引出サレタル爲メ銀行以外ノ小金融機關ハ恰モ取付ノ狀態トナリ貸出不能トナリ之ト同時ニ質商。個人金融業者等モ新規貸出ヲ中止セル爲メ銀行ト取引出來サル中小商工業者ハ極度ノ金融難ニ陷レリ

之カ善後處置ニ關シ當所ニ於テモ數回ニ亘リ役員協議ヲナシ應急策ヲ講スル處有リ恰モ九月二十六日ハ仲秋節ニシテ。支商間ノ決濟日ナルモ農村方面トノ交通不安ハ農民ノ入市者無ク。農家方面トノ決濟行ハレス邦商間ニ於テモ通貨ノ不安定ニテ決濟不能ノ爲メ邦商相互間トノ決濟モ殆ト實行サレサルママ經過スルノ已ムナキ狀態ヲ呈セリ

時局以前ヨリ決濟期ニ於ケル倒產ヲ憂慮サレ居タル商店モ相當多數有リタルカ時局ノ爲メ決濟カ實行サレサリシ爲メ倒產スヘキ運命ニアリタル商店ニシテ反ツテ倒產ヲ免レタルモノモ尠カラサルモノ。如シ

(二)時局小康後今日迄ノ狀況

仲秋節頃ヨリ時局ニ對スル不安ハ緩和サレタルモ地方通貨ノ相場ハ依然トシテ閻相場ヲ持續シ取引ハ杜絕ノママナルカ時期トシテハ特產出廻前ニシテ輸出方面ヘノ影響ハ大ナルモノ無キモ輸入商ノ蒙ル損害尠カラス。當所

262

トシテモ地方通貨ノ安定ニ關シテハ屢々會合ヲ催シ對策ヲ協議スル處有リ
特産方面トシテモ徐々トシテ出廻ヲ見ルニ至レル爲メ通貨ノ安定ヲ講スル
ノ急務ナルヲ以テ軍部トモ交渉ヲ重ネタル結果本月十五日ニ至リ漸ク取引
所ニ於テ自然ノ相場ニテ先物ノ取引行ハレ通貨ハ漸次安定スルニ至レリ。
之ト前後シテ特産ノ出廻リモ順調トナリ長春ヲ中心トスル三十支里以内ヨ
リハ續々搬入サレツツアルモ輸入雜貨ハ依然トシテ取引杜絶ノ狀態ニアリ

(三)今後ノ豫想

長春ハ出來特産市場トシテ發達セル都市ナルヲ以テ特産ノ振不振ハ直チニ
市場ニ影響ヲ來スコト勿論ニシテ從來官銀號ニ於テハ年々巨額ノ不換紙幣
ヲ發行シテ特産ノ買占ヲ行ヒ之カ爲メ日支特産商ハ全ク手モ足モ出ヌ狀態
トナリ居タルカ時局後官銀號ハ軍ノ管理スル處トナリ官銀號モ從前ノ如ク
無謀ノ買占ハ行ハレサルモノトノ豫想ニテ本年度ノ特産界ハ相當期待サレ・
早クモ吉長沿線ニ出廻ル大豆相場ハ順緒ヲ以テ取引サレ期待ヲ裏書スルニ
至ツタカ。大豆相場ノ順緒ハ十年以來ノ現象ニシテ之ヲ以テシテモ從來官
銀號筋ノ買占カ如何ニ特産市場ヲ攪亂シ居タルカヲ窺知スルニ難クナイ。
官銀號筋ノ買占モ何等恐ルルニハ足ラサルモ要ハ官帖ノ濫發ニ依リ相場ヲ

264

攪亂サルルコトニアルヲ以テ將來官銀號ヲシテ官帖ノ濫發ヲ行ハシメサルコトハ滿洲ノ財界安定上最モ必要ナリ

輸入方面ニ於テモ目下ノ銀相場ハ強調ニアリ。安定後ノ官帖相場モ豫想程ノ下落ヲ免カレタルヲ以テ（事變前鈔票對三六九吊事變後ノ自然相場ハ四三〇吊處ナルモ闇相場當時ノ豫想ハ四百六七十吊以下ナルヘシト豫想サレ居タリ）此ノ狀態ニテ特産ノ出廻旺盛期ニ入レハ官帖ハ拂底シテ昂騰スヘク（官銀號カ增發セサルモノトノ前提ノ下ニ）農民ノ購買力ハ增大シ今後ノ市况ハ一般ニ好轉スヘク豫想サレテ居ル

二、金融界ニ及ホセル影響

事變ノ勃發ハ人心ニ異常ノ衝動ヲ與ヘ萬一ノ場合ヲ豫想シテ引揚ノ準備ヲナシタル者尠カラス。之カ爲メ先ツ現金ヲ用意セントスル傾向濃厚ナルモノアリタルカ、郵便局又ハ大銀行等ノ預金ハ引揚ノ場合ニ於テモ他所ニテ之ヲ引出シ得ルヲ以テ比較的不確ナル小金融業者方面ヘノ預入金ハ僅カニ引出サレ、銀行以外ノ一二金融業者ハ大恐慌ヲ來セリ。幸各方面ノ後援ニ

263

依リ閉店ヲ免ルルニ至リシモ是等金融業者ハ全ク新規貸出ノ餘裕無キ爲メ貸出ハ中止サレ質商。個人金融業者等モ直チニ貸付ヲ中止セル爲メ中小商工業者ノ金融ハ夥シク梗塞シ頼母子講以外ニハ金融ノ途無キニ至リタル爲メ・事變發生後ノ市中頼母子講ノ落札金額ハ一釐五分乃至一割方低下シ（事變前ハ比較的確實ナルモノ八掛半。不良ノモノニテ七掛位ナリシモノカ良好ナルモノモ多クハ八掛以下トナリ。不良ノモノハ六掛以内トナリシモノ尠カラス）憂慮スヘキ狀態トナレリ

大銀行方面ニ於テハ時機カ恰モ年中最モ閑散ナルトキナリシ關係上殆ント影響ハ無ク最近ニ於テハ預金モ返ツテ增加ノ傾向ヲ示スニ至レリ

三、特產界ニ及ホセル影響

特產方面ハ未タ出廻期ニ入リ居ラサル爲メ大ナル影響ハ無ク只官帖相場ノ安定ニ時日ヲ要シタル爲メ特產出廻切迫ト共ニ此ノ點相當憂慮サレタルモ本月十五日ニ至リ通貨相場モ稍安定シ續イテ出廻モ漸次開始サレ其ノ狀態ハ豫想外ニ順調ニシテ本年ノ作柄モ亦八月中旬以後一時冷涼ナリシ爲メ早

265

稻ハ多少品質劣等ナリシモ九月以後ハ天候順調從ツテ品質以外ニ良好ナルヲ以テ本年ノ特産ハ官銀號ノ官帖濫發中絶ト相俟ツテ相當殷盛ヲ極ムヘキモノト豫想サル

四取引所ニ及ホセル影響

㈠錢鈔

事變勃發ト共ニ鈔票市場ハ立會不能ニ陷リタルカ之ト前後シテ英國ノ金本位制停止ノ爲メ銀價ハ暴騰シ當地ニ於ケル貨幣相場ハ全ク混沌タル狀態トナレリ。然ルニ取引所ノ受渡ハ二十八日ニシテ其ノ間仲秋節等ノ休日多ク實際ノ受渡ハ二十四日ニ完了スル必要アル關係上極力乘換ヲ爲サシムルコトトセリ（鈔票ノ現物拂底ニテ受渡ハ困難ナル爲メ期近物ヲ先限ト切リ換ヘルコトトシ實質トシテハ受渡ヲ延期スルコトトナル）斯クテ二十四日迄ハ新規取引皆無ニテ乘換ニ依ル賣買ハ制限相場ニテ三十九万五千圓ノ出來高ヲ示シタルノミ。休會明後二十九日ニ五千圓（二十四日以前ニ手續未了ノモノ）ニテ越月セルカ。十月十五日迄ハ依然制限相場ニ依ル乘換カ。三日八千圓。十二日九万四千出來タルノミニテ休場同樣ノ狀態ニ推移セリ

之ヲ前年ニ比較スレハ左ノ如ク六十分ノ一ニ滿タサル少額ニ止レリ

	昭和五年十月一日ヨリ十五日迄	昭和六年十月一日ヨリ十五日迄
鈔票對官帖	六、三〇七、〇〇〇圓	一〇四、〇〇〇圓
哈大洋對鈔票	二五八、〇〇〇圓	—
合計	六、五六五、〇〇〇圓	一〇四、〇〇〇圓

(二) 糧穀

通貨ノ不安定ニテ取引ハ圓滑ヲ缺キ前年度ニ比スレハ之亦激減ヲ來セルカ。十月一日ヨリ十五日迄ニ至ル半月間ノ比較ヲ示セハ左ノ如クテアル

264

昭和五年十月一日ヨリ十五日迄	昭和六年十月一日ヨリ十五日迄

大豆

十二月限	一七車	九車
一月限	一四五車	｜
合計	一六二車	九車

高粱

十月限	三車	二九車
十一月限	一三車	二車
十二月限	三九車	二八車
一月限	一八車	｜
合計	七三車	五九車

五、米穀商ニ及ホセル影響

本年ノ刈入ハ八月中旬以後天候冷涼ナリシ為メ例年ヨリ出廻リハ多少遅レ九月十日頃初メテ新穀ノ出廻リヲ見タルカ。相場ハ最初新白米三斗入一叺三圓六十銭位ヲ唱ヘ漸次下落シテ十七。八日頃ハ三圓二十銭トナリシモ事變以来

265

出廻リハ全ク杜絶シテ在荷薄ノ為メ新米ハ再出廻頭初ノ値頃ニ反撥シタルカ十月ニ入リ入市途中ノ不安モ補除カルルニ及ヒ長春近郊ノ鮮人ハ生産品ヲ携ヘテ安全地帯ニ引揚クルモノ續出シ本月四、五日頃ヨリ急激ニ増加シ賣急キノ為メ相場ハ忽チ崩落シテ十日ニハ白米一叺三圓三十錢。十五日ニハ三圓十錢ヲ唱フルニ至リ。籾ノ如キハ一石四圓五十錢ヲ唱ヘ居リシモ南方ハ先安見越ニテ買氣添ハス。當地ニ於テモ籾相場トシテハ相當安値ニアルモ高値當時ノ仕入品ヲ手持ナシ居ル關係上白米ハ以然三圓十錢、二十錢處ヲ往來シ居レリ。斯クノ如ク不意ニ出廻リ増加ヲ來セル結果トシテ各精米所共値下リヨリ受ケタル打撃ハ相當大ナルモノアリ

六、木材界ニ及ホセル影響

事變ノ當時ハ斯界ハ殆ト終末期ニ近付キ居タルヲ以テ大ナル影響ハ無ク十月ニ入リ長春ヲ初メ南滿沿線各地及通遼新民屯方面ニ兵舎ノ工事決定セル為メ之ニ要スル木材約百貨車ノ取引有リシカ寛城子ニハ今春以來夥シキ滞貨有リシ為メ相場ニ影響ヲ來ス程ニ至ラス製材所方面ニ於テモ今日迄ニ大部分ノ仕事ヲ終リ各自ノ手持品ハ大体一掃セル模様ニシテ多少活氣ヲ呈

267

シタルカ多忙ヲ極メタル割合ニ期間モ短期間ナリシ關係モアリ利益ハ見ルヘキモノナキ模様ナリ

七、土木建築界ニ及ホセル影響

本年ハ土木界稀有ノ不振ニテ事件ノ發生當時殆ント工事モ終末ニ近付キ居タルヲ以テ大ナル影響ヲ蒙ラサリシカ。十月ニ入リ在長各軍隊ハ長春ニ於テ越年スルコトトナリシモノノ如ク上旬末夫々工事ノ入札有リテ飛行場、兩廠兵舍及堀井戸等合計約十一万圓ノ工事決定シタルヲ以テ夏季ノ閑散狀態ニ徒食シ居タル下請人方面ハ多少ノ潤ヒヲ見ルコト、ナレリ。然ルニ結氷期ヲ控ヘ急ヲ要スル爲メ支那人職人ニ不足ヲ來シ苦力ヲ除ク職人級ノ賃銀ハ一率ニ二、三割方ノ昂騰貴ヲ見ルニ至レリ

八、輸入商ニ及ホセル影響

(一)綿糸布界

時局發生後ニ於ケル綿糸布界ハ長春トシテハ南滿沿線中其影響比較的僅少ナリシモ。發生直後ハ前途ノ不安ト官帖相場ノ不安定トニテ新規取引

268

ハ全ク杜絶セルノミナラス。約定品ノ引取モ殆ト皆無トナリ綿糸布商組合ハ九月渡ノ契約品ヲ無條件ニテ一箇月ノ延期ヲナセリ。九月下旬ニ入リ人心稍安定シテ多少新規契約出來初メシモ田舎筋ノ客ハ敗殘兵及匪賊等ニ依ル途中ノ不安ニテ入市スル者ナク取引ハ激減セリ事件發生以來十月十八日迄一箇月ノ新規契約高ハ事件以前四箇月間平均ニ比スレハ七割減ニシテ例年九、十月ハ冬物ノ仕入時期ナルヲ以テ七、八月頃ニ比較シテ五、六割ノ増加ヲ示スヲ普通トスル關係ヲ考慮スル時ハ八割以上ノ減少ト見ルコトヲ得ヘシ

(二)和洋雜貨

綿糸布ニ亞イテ影響ノ大ナルモノハ和洋雜貨商ニシテ殊ニ支那側ニ卸賣ヲ爲シ居ル者ハ取引全ク杜絶シ。小賣ニアリテモ支那人側ハ通貨ノ關係上全ク購買者無ク邦人方面モ多少時局ノ前途ニ不安ヲ感スル爲メ節約氣分濃厚ニシテ事變發生後ハ賣行平均六割以下ニ減退セリ

(三)食料雜貨

事件發生後數日間ハ罐詰類ノ賣行キ目覺シク。市中各店共手持ハ殆ント一

268

掃サレタル爲メ各商店共品切ノ註文ニ際シ將來ヲ見越　シテ相當多量ニ仕入ヲ行ヒタル處其後事局小康ヲ保ツニ至ルヤ罐詰類ノ賣行ハ忽チ平常ト變ラサル狀態トナリタル爲メストックヲ持チ越シ資金ノ固定トナリテ反ッテ金融難ニ陥ル現象ヲ招來セリ

而シテ軍隊ノ増駐セルコトハ即チ人口ノ増加ニシテ斯業ノ如キ最モ商況良好ナルヘキ筈ナルモ一方在留邦人間ニモ時局ノ前途ニ尙一抹ノ不安ヲ抱キ居リテ現金ヲ手持スル傾向ヨリ生スル節約ハ相當深刻タルモノノ如ク食料品ニ至ルマテ極力差控ヘラレ人口増加ニ伴フ消費ノ増加ト差引トナリ平常ニ比シ多少良好ナランカ位ノ程度ニ止レリ。相場ハ事變ノ爲メ特ニ騰貴セルモノナシ

(四)金物商

建築界ハ終末期ニ入リ需要期ヲ過キ居タル爲メ影響ハ比較的僅少ナリシ模様ナリ

(五)洋服商

事變後洋服ノ新調者ハ殆ント無ク各戸共半休狀態ナリ

267

(六)呉服商

呉服商ハ洋服商側ニ比スレハ影響ハ僅少ナル模様ナルモ高級品ノ賣行ハ殆ト杜絶ノ状態トナレリ

(七)料理店

事變以來宴會ノ如キハ全ク皆無トナリシ爲メ一部特殊ノモノヲ除ク外ハ休業同様ノ状態ニアリ

(八)飲食店

カフエーノ如キハ全ク閑散ナルモ其他ノ飲食方面ハ相當多忙ヲ極メ時局ノ爲ニ好影響ヲ受ケツツアル模様ナリ

(九)菓子商

平時ニ比シテ賣行良好ニシテ殊ニ軍隊方面トノ關係ヲ有スルモノハ多忙ヲ極メ之又時局ノ爲ニ好影響ヲ受ケツツアル模様ナリ

(六・一〇・二三)

(以上)

268

营口商业会议所关于提交营口中日冲突事件及其对经济影响事致满铁地方部商工课的函

（一九三九年十一月二十日）

279

營口商業會議所

營商發第二四八號

昭和六年十一月廿日

營口商業會議所

南滿洲鐵道株式會社

地方部商工課長殿

商工課長

產業係

「營口ニ於ケル日支衝突事件ト經濟界ノ影響」送附ノ件

拜啓　陳者「營口ニ於ケル日支衝突事件ト經濟界ノ影響」調查書別冊一部御參考マデニ御送附申上候也

281

280 營口商業會議所

營口ニ於ケル日支衝突事件ト經濟界ノ影響

（昭和六年十月末日現在）

營口商業會議所

282

營口に於ける日支衝突事件と經濟界の影響

(一)營口占領と其の後の治安の狀況

昭和六年九月十八日午後十時三十分奉天の北方柳條溝附近の滿鐵爆破により惹起された日支衝突事件端に端を發し滿鐵沿線各地に於て交戰の火蓋を切られ當地に於ては大石橋獨立守備隊大隊長岩田中佐の指揮する約二個中隊が十九日午前五時五十分着列車にて來營直ちに練軍營商埠公安局、縣公安局及漁業總局等の武裝各機關に殺到して疾風迅雷的に之が裝解除、を行い次いで無線電台並各官衙銀行を保障占領した。尚ほ一部隊は對岸河北に向い同地河北驛を占領し列車の運行を切斷した。かくて營口は午前八時頃には完全に日本軍の占領するところとなつた。

日本軍の營口占領は在營華人に極度の動搖を來し一般商戶は勿論銀市市何れも休止し牛莊海關も閉門する等凡有る經濟機關は甚の機能を失い商取引は絕して全くの恐慌狀態に陷つた。日本側各銀行

283

282

營口商業會議所

も事件突發と共に十九日は一日臨時休業し其他輸入組合金融組合等に於ても亦休業した。

我が軍に於ては占領後の治安維持と市場回復に努むべく岩田大隊長は大隊本部を日本領事館内に置き十九日午前十時日支官憲の首腦者を集めて軍政を施行する旨宣言し左記の布告をした。

本官は本地地方軍政長官の職を奉じ本地の治安の責に任ず、若し我が軍隊に對し輕蔑の行爲或は敵對行爲をなすものあれば武力を以て解決せんとするものなり、而して我が軍隊の軍規は嚴正にして毫も犯さず、若し避難或は休業したるものあれば速かに歸家して營業すべし、我が軍は必づ能く盡力保護に努め謠言をなして擾亂するものあれば嚴重に処罰すべし。

次いで軍政施行に關し左記命令を公布した。

一、命に依り十九日より營口に軍政を布く。

二、營口附屬地市政は概ね現行に準じ地方事務所長これを行ふべし。

284

三、營口附屬地外市政は軍政官指導の許に概ね現行の要領に準じ營口縣知事之を行ふべし。但し營口中國諸機關と奉天政府との交通は一切之を絶つべし。

四、營口領事は營口警察署員、地方事務所員、日本銀行員及通信員を附屬地外重要なる中國諸機關に配置しその業務を指導監督せしむべし。

五、營口警察署長は主として附屬地の警備に任すべし。

六、憲兵分遣隊は爾今余の指揮に入るべし。

七、本職は必要に應じ左記の諸件を施行す。

1集會若くは新聞雜誌広告等の時勢に妨害ありと認むるものは停止す。

2軍需に供すべき民有の諸物件は其の輸出を禁止す。

3兵器彈藥其の他危險に渉る諸物品はこれを押收す。

4郵便電報を開閲し出入船舶及貨物を檢査し並に陸海通路を停止す。

營口商業會議所

5戦況により人民の動産不動産を破壊燬燒す。
6晝夜の別なく人民の家屋建造物船舶を檢察す。
7時機により住民をして其の他を退去せしむ。
八、軍政施行の細目に關しては追てこれを示すも本官は特に營口在留各國民の治安を維持し各々その業務に安ぜんことを希ふ念切なるを以て各位は良くこの主旨の徹底を期すべし。

昭和六年九月十九日　軍政官　岩田中佐

右の布告により人心稍々落付き襲きに事件突發と共に一時附屬地内に引場中の支那街居住邦人も弗々歸家し又十九日を一日臨時閉門せる牛莊海關及日本側銀行其他も二十日は日曜公休二十一日より何れも夫々開店營業を始めた。然し未だ謠言頻りに傳はり或は支那側警備機關の武裝解除により市中警備手薄の爲め匪賊の來襲あるべしと懸念して恐怖去らず日用品小賣店は弗々開店したものあるが問屋筋或は大商店は殆ど開店するものなく市中全く火の消へた如き有様であつた。

岩田大隊長は二十一日更に埠内の治安維持並に市場回復に關し商埠公安局長及商務總會主席を招致して懇諭し同日より公安局長の選擇したる一部巡警をして治安の任に當らしめ且つ二十二日より銀行其の他の金融機關の開業方を慫慂し左記命令を發し且つ布告第四號を市街各處に貼付した。

商埠公安局及商務總會主席に與ふる命令

營口市街の治安維持を一層確實ならしむる爲め本二十一日より特に商埠公安局長の選拔したる局員に對し勤務中帶刀を許し從來の本務に服すべし。之等局員に對しては本官所定の給料を支給す。公安局長は右局員が誠實に職務に服し過誤怠慢なからしむることに就て其の責に任すべし。萬一之に違犯したるものありたるときは嚴罰に處す。

公安局長は本二十一日午後三時までに區處を終り配置に就かし

營口商業會議所

め同時刻より服務せしむべし。右配置要圖を午後一時までに本官に提出すべし。服務の細目に關しては別に指示す。公安局長に對しては特に拳銃の所持を許す。商務總會主席は本件に關し連帯其の責に任すべし。

布告第四號

一、本日より埠内の治安警備は日本軍隊指揮の下に中國巡警をして之を擔當せしむ。

二、各銀行は明日より營業を開始せしむ。

三、銀行の營業及個人預金は日本軍隊に於て之を保護す。

四、各商民は安んじて其の業務に就くべし。

五、萬一物價の不當吊上又は暴利を貪るが如き奸商あれば探査の上嚴罰に處す。

右により廿一日より日本軍監督の下に中國巡警の一部をして治安警備に當らしめ一般華人も漸く安堵して治安次第に回復し又廿二日には中

288

國側各銀行も日本軍隊保護のもとに營業を開始したが取付騒ぎ等のこともなく平穩に經過した。錢鈔も廿二日漸く取引あり時局關係と大連暴騰を受けて大洋票對金四十六圓乃至四十七圓を唱へ廿三日午後四十五圓を唱へ過爐銀も廿三日初めて約二千兩の小口取引あり相場は大洋對過爐銀二百〇八兩を唱へた。

かくて市內の治安次第に回復され休業中の商戶も開店するもの次第に增加したが問屋其他大商店は先行不安の爲め依然閉門の儘開業せず仲秋節の定例休業も近く又仲秋節需要取引も一段落を告げたることとて其の儘節句を越すものと見られた。

中國側各銀行は既述の如く廿二日より一齊開業したが未だ充分機能を發揮せず錢鈔取引も弗々始められたが未だ不安去らず過爐銀第三決濟期を目前に控へ金融梗塞は依然免れず前途混沌たる狀態にあり我が軍に於ては特に金融の維持に努め廿三日總商會に於て開催されたる金融維持會議の意嚮を斟酌し廿四日布告第五號を以て左記三

288

營口商業會議所

項を布告し規定に從はず妄りに相場の變動を行ひ市場を攪亂するものは嚴罰に處する旨布告した。

〃營口過爐銀卯期（決濟期）は毎年四卯期（即ち旧暦三、六、九、十二月）にして現に來らんとする第三卯期は過爐銀毎一錠に對し現大洋二十七元五角を以て決濟の標準となし今後の毎卯期もこの標準を以て規定となす。

〃奉天大洋票五十元（即ち奉小洋票六十元）は現大洋一元とす。

〃鈔票一元は現大洋一元、現大洋一元は鈔票一元と同等の價格とす。

右の布告により強制通用を圖り以て金融を保持せんとしたが實情は此の相場を支持するに足らず且つ一時官銀號及邊業銀號の兌換停止により大洋對大洋票の差は事變直後には早くも一割となり其の後日々其差を大とするに至り加ふるに在奉天官銀總號、邊業總號の開業時期判明せざる爲め益々其の前途を憂慮され金融は依然として圓滑を缺き不安の狀態にあり一方民情は稍々安定せりとは言へ在營支那側地方行政各機關は之が主領指導者なく行政上に於ける統一を缺ぎ不圓滑を免れざる狀態にあり金融の維持、市場の回復と共に商民の死活問題にして一日も看過し得ざる實情にあり、爲めに總商會中心となり之が對策につき寄々協議中のところ十月二日日本軍部の諒解を得て營口善後委員會なるものゝ設立を見た。

(二)營口善後委員會成立

既述の如く埠內の人心漸く平穩に復したと雖も未だ金融は不圓滑を免れず市場の回復亦遠く且つ地方行政の統一を缺ぎ一般の不安去らず混沌たる狀態にあり之が挽回策につき總商會は寄々協議中であつたが十月一日都總商會主席方に集會熟議の結果左記歎願書並規約書を大隊本部岩田中佐のもとに提出した。

營口善後處理に關する歎願書

此回の滿洲事變は兩國の誠に遺憾とするところに有之候貴長官の

就任以來地方の治安維持に努力せられ市内の秩序は平常の如く恢復し市民は安居し業に楽しむことを得誠に貴長官の大徳を永久に感謝致居候、偕て將來營口の地方行政に關し機關の存するも之が主領指導者なきを惜む次第に御座候、之が爲め生民は塗炭の苦を受け居る有様に有之剰へ商民の流離する慘狀を目睹しては心情更に不安なるものあるを以て速かに地方治安維持に善處致度希望を以て極力其の成功に奔走致居候も事變當初のことゝて市政の恢復維持金融等に關しては貴長官の御指導援助を蒙るにあらざれば完全にこの目的を達成すること能はず候依つて衆議を經て營口善後委員會を設けんとし別紙數個條を規定し添付致候條御覧被成下度候、

尚ほ貴長官に於て營口在住貴國人の學識技倆者を諮議として若干名推擧成し下され本會の事業發展に資せられなば幸甚に候

營口善後委員會辨法

212

目下の營口商埠地治安維持の目的を以て臨時委員會を左の如く設定す

一、本會を營口善後委員會と稱し事務所を商務總會內に設く。

二、本會は營口商埠地の行政一切の事項を審議するものなるも尙ほ必要に應じ省直屬機關と縣地方行政並に隣縣行政に關し互に協助して之を施行す。

三、本會の委員は現行の機關職員商務會員及地方紳士を以て之を組織す。

四、本會制定委員の長一名副委員長一名は互選の上決定す委員長事故ある時は副委員長代理す。

五、本會の決議事項は凡て各現行機關を以て實行するを原則とす。但し日本軍部の承認諒解指導監督を要する事項は委員長之れを處理す。

六、本會の委員は總て名譽職とす。

七、本會內に日本人の諮議若干名を置き日本軍部との交渉事項ある場合は處理を委囑す。

右の申出に接したる我が軍部に於ては之を諒とし協力一致以て市政の運用に善處し市民の福利增進を計るべしと承認を與へ求められた日本人諮議として關商議副會頭及古川支那衛生顧問の兩氏を推薦した。玆に於て營口善後委員會なるものの具体的に成立し十月二日より事務を開始した。

尙ほ右委員會は其の第一回會合に於て埠內行財政職務執行其他に關し協議の結果左の如く決議した。

、左記各機關は從前の如く職務を執行し本委員會の決議事項に限り之を根據として其の事項を執行するものとす。

1、營口縣政府及縣公安局。　2、商埠公安局。

3、渙業總局。　4、稅捐局。　5、法院。

前記の機關中省政府に直屬する機關は暫らく營口商埠事務執行者之に當る。法院の組織職務の權限は常に司法權の獨立を嚴正に保

284

持する爲め之を除外す。其の他營口商埠地に於ける、省政府直屬の機關は其の事務の性質に從い之に附屬する前記機關は暫らく夫々各自の職務を執行するものとす。

三、各執行機關長は自巳の職務に關し一切其の責に任ず。

四、財政上金融出納に關する事項は將來最も重要事項に係るを以て其の處理も亦特に愼重にして左記各項の如く處理するものとす。

1、稅捐及金銀收納事務は本委員會に委託し諮議共同嚴正なる監査の上之を中國銀行に保管す。

尚銀行の保管銀出事務は其の責任上特に公正を期するの要あるを以て特に人員を定め出納官として日本軍部に對し其の指令を懇願す。

2、各執行機關長は委員會に對し所用の各職員の俸給並に事務費の支出を請求し本委員會は其の請求の適否を審査の上決定す。

3、各執行機關長は毎月經費收支決算表を作製し翌月五日までに本委員會に提出し本委員會委員及諮議之を檢査す。

四、本委員會の各委員は各執行機關長諮議と行政事項に關し提出すべき議案ある時は直ちに本委員會に交附し審議に供ふものとす凡そ緊要なる議案は須らく軍部の諒解を受け指導監督事項は諮議より日本軍部に報告するものとす。

五、本委員會の委員は各機關の職務に對し監察督勵の責任あり若し違法行爲を發見せば本委員會は審査處罰の權を有す。

六、本辦法は臨時善後維持事項にして若し未完の事項あるときは本會決議の上修正す。

(三)時局と經濟界の影響

事變發生以來之が經濟界各方面に及せる影響は甚大にして一昨年來銀價暴落に依つて極度に疲斃せる支那側經濟界は致命的痛手を負ふに至つた。而して之が恢復につき各方面に於て努力し鋭意今後の善處を急ぎつゝあるが常態に復するには相當の日子を要するものと思はる。以下時局後の當地經濟界各方面につき概說して見ることとゝす。

一、輸入貿易　輸入品の大層たる綿糸布、麥粉及砂糖等につき見るに今次の事變發生は恰も例年繁忙を呈する仲秋節需要取引が一段落を告げた後のことゝて幸にその方面には差した影響を蒙らず終つたが其の後の輸入は先行不安金融の不圓滑と北寧線による奥地との交通杜絶にて尠らざる打撃を受け而かも之が恢復は相當長引くものと見られ時局に依る影響は寧ろ今後に現はるゝものと想像せらる。

一、輸出貿易　當港輸出市場は新穀出廻期を目前に控ての時局發生に依り甚大の影響を受けた。即ち時局により途中輸送の危險を怖れ滿鐵線營口驛到着貨物は僅かに發送驛に於ける從來の在荷に過ぎ新規出廻のもの皆無の狀態となり著るしき減少を來した。一方北寧線河北驛は我が軍の占領により到着皆無となり當地輸出市場は未曾有の閑散を呈した。

然るに時局稍々安定し加之特産出盛期を迎へ且つ遼河結氷期前の繁忙期接迫につれ滿鐵線により到着貨物も漸次恢復増加して一日三百五十車内外に達し同驛稀有の盛況を示し從つて當港輸出貿易も亦非常な殷盛を見るに至つた。

かく當港輸出貿易が時局後間もなく數字的に非常の増加を示し殷盛を見るに至つたが右は當港經由輸出の所謂連絡貨物の増加に依るものにして當地特産市場は時局により重大なる打撃を受け憂慮すべき状態にある。從來當地特産界は支那鐵道の積極政策と銀安により割安運賃とにて有利に河北驛に出廻るものと一方遼河舟運に依る河載物とによつて他地に比し有利の立場に置かれてゐたが時局に依り既述の如く河北驛は我が軍略上占領封鎖されたる儘當分開通の見込なく遼河舟運に依るもの又時局以來沿岸到る所匪賊跳梁して輸送の危險多く出廻り例年の如くならず爲めに當地特産輸出商の有利とする方面は殆んど之を失い尠らざる打撃を受くるに至つた。

218

三、金融界　事變發生以來當地金融界は全く混亂狀態に陷り之が恢復に就ては我が軍部或は支那總商會等が極力善處し最近稍々落付を見せたが常態に復するには未だ遠く商取引上尠らざる打擊を與へてゐる。

官銀號並邊業銀號當地分號は事變發生直後九月二十二日より我が軍部の命令により營業を開始したが軍部の指揮監督宜敷きを得取付騷ぎ等のこともなく無事經過してゐるが貸出は行はず僅かに預金並預金拂戻に應ずる程度にして半休業狀態を續けてゐる。尙ほ右兩號發行の現大洋票の價格については從來に於ても常に不安を感じられてゐたが時局により遼寧省政府今後の成行を懸念して更に信用を失い一般商人は之が受渡を喜はず自然現大洋に對する開きを大にし遂に十月八日頃には其の差二十元に達した。然し休業中であつた兩號奉天總號が十月十五日開店に決定し且つ準備正貨も意外に多額を有すと傳へられ漸次其の開きを縮め目下約五元內外にまて戾した。

288

298

營口商業會議所

今現大洋百元に對する現大洋票の當地最近の相場を示せは次の如くである。

十月五日	一〇八〇〇	十月六日	一〇九〇〇	十月七日	一一三〇〇
仝八日	一二〇〇〇	仝十二日	一二〇〇〇	仝十五日	一一七〇〇
仝十六日	一一四〇〇	仝二十日	一一三五〇	仝廿一日	一一三〇〇
仝廿二日	一〇九〇〇	仝廿三日	一〇八〇〇	仝廿四日	一〇八〇〇
仝廿六日	一〇七八〇	仝廿七日	一〇七八〇	仝廿八日	一〇五八〇

四、仲秋節期と過爐銀決濟狀況　當地に於ける大口取引は多く過爐銀により行はれ之が決濟は舊曆三、六、九、十二月の四期に行はれ仲秋節期の決濟は僅かに小賣店間の小口取引に過ぎざる爲め差して重大視されず其の本期決濟狀況を見るに事變發生以來運輸交通並金融恢復せず殊に支那銀行による送金圓滑ならさる爲め事實上モラトリアムに依らざるべからざる狀態に終り次いで懸念されたる十月十一日（舊曆九月一日）の過爐銀第三決濟期を迎へた。

300

過爐銀は事變發生以來相場立たず闇相場を續けて九月二十八日に至り始めて相場立つたが上海向爲替續騰甚しく時局直前九月十八日上海會水二、九〇五兩は九月二十八日二、九八〇兩、二十九日三、〇六〇兩、三十日三、一〇〇兩を示し過爐銀決濟期前後には更に三、五〇〇兩内外を唱へ且つ各種通貨は不安定なる狀態を續け金融界は甚しく危機にある爲め本期決濟の如何を憂慮し遂に支那總商會は十月十二、十三の兩日委員會を召集左記過爐銀維持辨法さ決議し之に依つて當地にて能ふ限りの決濟をなし進んで將來に對する取扱を制定し之が整理を行ふことにした。而して左記決議を見るに過爐銀流通の縮少に一歩を進めつゝあるを推察し得るが注目に値す。

1、本卯期（決濟期）を一週間延期し本月十八日とす。

2、爾今上海兩（上海向爲替）打步は二、二〇〇兩を越すを許さず。

（註。上海兩一〇〇〇兩に對し過爐銀三、二〇〇兩を越ゆるを許ざる意

301

300

營口商業會議所

3、決済後各銀爐は新法に過爐銀の貸出を為すを得ず若し違犯したるものは取扱高に對する一割の罰金を課す。

4、若し信用ある先及正當なる營業資金として貸出の必要ある場合は必ず豫め委員會の批准を得て行ふことを得。

5、委員會は今後時々人を派して各銀爐の營業を調査せしむ。

6、來卯期（太陰暦十二月一日）決算相場は過爐銀一錠に對し現大洋二十八元と定め違犯することを得ず。

右辨法により時局柄決済期日を一週間繰延べ本期過爐銀一錠に對する現大洋公定相場二十七元五角、卯色（借替利子）は外城貸付に對し二兩八、埠内貸付に對し二兩二、預金に對し二兩と定め決済されたが其の結果は正確なること不明なるも貸付前期持越約二千四百萬兩、本期貸付七百萬兩に對し回收約六百萬兩と言はれてゐる。

尚ほ前記上海兩打歩二、二〇〇兩と限定されたが實情は到底之を支持するに足らず暗々裡に隨意賣買され遂に十月十九日過爐銀維持

302

委員會を再會し打歩を向ふ二十日間二、四〇〇兩を越ゆるを得ずと更め其の間に於て之が恢復に努力することに決定した由である。

五、錢市場　日支衝突事變により十九日以降相場立たず闇相場を續け時局稍々安定と共に二十八日漸く開市を見た、銀價は日支事變に次ぎ英國の金本位停止或は東京震災を材料に一時的騰貴を見たが奉天票、現大洋票等は下落一方を辿り事變後の財界不安に加へ上海向爲替の暴騰となり過爐銀亦著るしく低價を示した。事變前後當地主要通貨相場を示せば左の如くである。

日次	大洋對金票	金票對奉票	金票對爐銀	上海會水
九月十六日	四四五〇元	一三七五〇元	四七四五〇兩	三九三〇兩
十七日	四四一〇	一三七五〇	四七四〇〇	三九一五
十八日	四三八五	一三七九〇	四七四五〇	三九〇五
事變突發休市				
二十八日	四三五〇	一四二五〇	四六三〇〇	三九八〇

303

二十九日	四五〇〇	一五一一〇	四七四〇〇	五〇六〇
三十日	四五六〇	一六三〇〇	四八四〇〇	五一〇〇
十月一日	四五九〇	一五五〇五	四八四〇〇	—
五日	四四七〇	一四九〇〇	四八六〇〇	—
六日	四四三〇	一五一五五	四八八五〇	五二八〇
七日	四五二〇	一五九四〇	四九六〇〇	五二五〇
九日	四四三〇	一六八七〇	五二五〇〇	—
十二日	四四五〇	一五七三〇	五四五〇〇	—

六、運輸狀況

△南滿線　南滿線營口驛に於ける發着貨物は近年銀安並北寧線關係にて著るしく減少してゐたが時局により更に減少し成行を懸念されたが其の後治安漸次恢復し或は北寧線による輸送杜絶等が好結果を齎し十月初旬頃より漸増を示し殊に到着貨物に於ては特産出廻最盛期と相俟つて著るしく増加を來し近年見ざる盛況を呈するに至つた。

304

之が原因とも見るべきは左記の如くである。

1、奥地農民は時局により沿線各驛へ搬出途中の危險を恐れて出廻らざりしものが人心稍々落付き且つ新穀出廻期を迎へ必然的に出廻急增した。

2、北寧線河北驛が我が軍占領して發着杜絶せる爲め從來支那鐵道に依れるものが南滿線に出で銀建特定運賃を利用して到着するもの增加す。

3、營口港內地間船運賃が各船會社間の競爭により低率となり爲めに當港經由輸出の增加したること。

時局發生前後に於ける當驛發着貨物數量を見るに次の如くである。(單位、車)

月日	發送總數	到着總數(內社內石炭)
九月十六日	二〇	二一四(一〇八)
十七日	一九	一五八(一〇一)

304

營口商業會議所

十八日	一六	一三五	（八七）
自九月一日至九月十八日一日平均	二一	一七八	（九六）
十九日	一九	一三〇	（九〇）
二十日	七	一三一	（六六）
二十一日	三	一一三	（六〇）
二十二日	八	一〇三	（—）
二十三日	一三	一〇〇	（一〇）
二十四日	九	三四	（七）
二十五日	一二	一二八	（二八）
二十六日	八	一三八	（四六）
二十七日	六	八三	（四一）
二十八日	七	二一四	（一〇五）
自九月十九日至九月廿八日合計	九二	一、一七四	（四五三）

306

自九月廿九日至十月八日合計	二三八	一六二八	（九三〇）
自十月九日至十月十八日合計	二七三	一三八〇	（八六五）
自十月十九日至十月廿八日合計	二八九	一九八〇	（九〇二）

△北寧線　支那鐵道の積極政策と銀安による運賃安の爲め昨年來當地河北驛に於ける發着貨物は著るしく增大し滿鐵線營口驛に對抗し寧ろ優位にあり加ふるに今夏河北碼頭の築造完成し今年特產出廻期には目覺しき活躍をなすものと注目され滿鐵會社に對し尠らざる脅威を與へてゐたが時局により日本軍の保障占領の結果交通杜絕し何日開通するやも知れざる狀態に陷つた。

河北驛發着の當地杜絕は當地華商に甚大の痛手を與ふることになつた。即ち當地商人にして時局以前に奧地と取引契約を結べるものは受渡不可能となり時局後も日本軍の河北封鎖は一時的にして近く開

306

營口商業會議所

通するものと見て採算上從來通り河北驛を利用すべく意嚮を有し當地支那新聞營商日報も河北驛の開通近しと報道し總商會、河北運送公會代表の嘆願或は北寧鐵路運輸監の我が軍部訪問等極力其の復舊方を懇望しつゝあるも我が軍部としては目下敗殘兵匪賊の出沒と錦州、溝帮子方面に於ける支那軍の情勢不靖なる今日當地の治安保持上之が開通を許すことは到底不可能にして今のところ何日復舊するや見込なし。

尚ほ事變發生當時河北驛に於ける在荷は約三五〇車と言はれ内約二〇〇車は大豆にして何れも其の後河南に搬入された。

北寧線營口支線は一時全く運轉を中止したが其の後治安稍落付き目下溝帮子、田莊台間は臨時運轉を開始した。而して事變當時河北向輸送の途中にあり河北封鎖により天津方面へ誤送されたるものあり是等及奥地各驛に於ける河北向け在荷が最近田莊台に輸送され同驛より馬車により遼河沿に出で更に舟運によつて營口に到着

308

しつゝある。

△遼河舟運　遼河舟運による當地出廻貨物は時局以來敗殘兵、匪賊の沿岸到る處に跳梁甚しく其の危險を恐れて來航するもの少く爲めに著るしく減少を來し例年に比し三割乃至四割の減少であると言はれてゐる。今遼河便によれる最近當地到着穀類數量を示せば次の如くである

（單位支那石）

品名	九月上旬	九月中旬	九月下旬	十月上旬	十月中旬
元豆	六〇〇	一〇〇	八五〇	五〇〇	八〇〇
青豆	一〇〇	四〇	二〇〇	二〇	一五〇
黑豆	一〇〇	六〇	―	五〇	五七〇
白眉大豆	―	一五〇	一、八二〇	九、五〇〇	四、六五〇
豌豆	一、五五〇	一、〇五〇	一、四〇〇	一、六〇〇	五〇〇
高粱	一、八五〇	二、〇〇〇	二、一〇〇	三、五〇〇	三、八〇〇

30P

包米	一	二〇〇	四〇	一	二〇
大麥	七〇〇	九〇〇	五〇	一八〇	五〇
小麥	一	二〇	一	一	一

時局稍々安定し且つ新穀出盛期を迎へ漸次増加の傾向はあるも當地日支商の有利の市場として期待をかける河載物の減少は尠らざる打撃である。

七、油坊業　河北驛の開通せざる限り營口に於て時局の爲め直接最も打撃を受けたるは油坊業である。當地油坊は大連其他各地油坊が最近不振なるはに拘はらず今春來獨り近來稀に見る活況を呈し全油坊が其の最大能力を擧げて操業しつゝあつたのは全く支那鐵道の積極政策と銀建運賃安による原料大豆の買付に工場採算の有利なりし爲めに依るものである。然るに事變發生以來河北驛封鎖され之が開通せざる限り從來の如き割安原料品の買付不可能となり採算上非常なる不利の立場に逢著した。

310

事變發生當時に於ける營口油坊の豆粕先物契約高（十一月十日頃までのもの）は約八十萬枚にして內約四十萬枚は當時各油坊に手持あり其他に時局發生直前の河北驛到着在庫大豆約二百車あり之により豆粕二十萬枚は製造し得られ結局殘り二十萬枚の先物品の製造引渡を懸念されたが其の後河載物の出廻弗々あり又北寧線により田莊台に到着し更に馬車及舟運により到着あり之等を利用して尙ほ足らざる場合は滿鐵線による到着物を利用して事變發生直後兩三日を休業したのみにて全油坊操業を續け一日約三萬枚內外を製造しつゝあり憂慮された先物契約品の製造には何等支障を來さず尙ほ現在相當の賣物を有すと言ふが油坊として最も大きな打擊は從前の如く他地に比し有利の立場に置かれ支那鐵道による格安原料大豆買付の途を斷たれたことにして採算上尠らざる手違ひを生ずるに至つた。

八、日用品小賣物價賣事變發生と共に早くも物價の不當吊上げをなし暴利を貪らんとする氣配見えたが之が取締につき華商側に對して

310 營口商業會議所

は我が軍部より萬一物價の不當吊上又は暴利を貪るが如き奸商あれば探査の上嚴罰に處する旨を佈告し又日本側に對しては關東廳警務局長よりの訓電により當地警察署長の命により當商業會議所及輸入組合は各關係筋に九月廿一日附移牒したる爲め不當吊上げをなすが加きものなく時局前後の物價を比較して殆ど變動を認めず。

312

满铁奉天事务所地方课关于报告九一八事变后奉天经济界动向及寄送十一月份经济月报事致满铁地方部的函（一九三一年十二月九日）

214

受付 6.12.11 商工課

奉事地商第六〇號ノ一

昭和六年十二月九日

奉天事務所地方課長

地方部長 殿

商工課長

産業係

時局後奉天經濟界ノ推移ニ關スル件竝
經濟月報（一一月分）送付ノ件

時局後既ニ二ケ月奥地ノ治安モ漸次恢復シツツアリ然シ匪賊ノ横行掠奪ハ尚未タ掃蕩サレサルヲ以テ經濟界モ完全ナ舊態ヘノ復歸ニハ尚相當ノ時日ヲ要スルモ大体ニ於ケル時局後ノ斯界ノ推移ハ下記ノ如シ

輸移入貿易

奉天全体ニ於ケル輸移出入貿易ノ推移

	昭和六年十月	九月	比較	昭和五年十月	比較
輸移出	三一、八二四	三五、六九五	△三、八七一	四六、九〇三	△一五、〇七七
輸移入	四八、三二四	八四、一一七	△三五、七九三	一三二、四四五	△八四、一二一

田川 6.12.11

216

215

（但シ昭和六年十月ハ北寧線ニヨル輸移出入不明ニツキ除外セリ）

鐵道別ニ見ルトキ

滿鐵線

	輸移出	輸移入
昭和六年十月	三一、三六七	四六、七〇一
〃九月	二七、一三七	五九、六七四
比較	四、二三〇	△一二、九七三
昭和五年十月	二五、九五二	九四、二六四
比較	五四一五	△四七、五六三

瀋海線

	輸移出	輸移入
昭和六年十月	四五七	一、六二三
〃九月	不明	九、三四五
比較	不明	△七、七二二
昭和五年十月	二、八八〇	八、七五九
比較	△二、四二三	△七、一三六

滿鐵線輸移出ニ於テハ十月ハ九月ト比較シテ四、二三〇屯前年同月ト比シテ五、四一五屯増加セリ

輸移入ニ於テハ九月ト比シテ一二、九七三屯前年同月ト比シテ四七、五六三屯減少セリ

然シテ之等増減ヲ商品別ニ見ルトキハ特産物ノ異動最モ著ルシ

217

輸移出品

	昭和六年十月	〃九月	比較	昭和五年十月	比較
大豆	四一八一	二七〇	三、九一一	八七〇	三、三一一
高粱	二一三	一	二一二	三一	一八二
粟	四二六	一、六四五	△一、二一九	一二一	三〇五

輸移入品

	昭和六年十月	〃九月	比較	昭和五年十月	比較
高粱	二一七	一、四二三	△一、二〇六	二、一四七	△一、九三〇
其他穀物	五三〇	二、二一三	△一、六八三	三、八二九	△三、二九九

從來之等穀物ノ大部分ハ支那軍隊ノ食料及馬料トシテ糧米廠ニ納入サレシカ時局後支那軍隊ノ逃亡ニヨリ移入ナシ

瀋海線ハ事變後一時不通トナリシカ十月十五日ヨリ開通シ貨物ハ十月二十二日ヨリ運行ヲ開始セリ

然シテ奧地ノ治安關係等ヨリシテ未タ活氣ヲ呈スルノ域ニハ達シエサルモ漸次恢復スルモノト豫想サル

216

就中特産物ノ動キハ既ニソノ兆候アリ

	昭和六年十月	〃 九月	比較	昭和五年十月	比較
大豆	二、八五〇		二、八五〇	二、四九二	四五八
高粱	一五〇	二	一四八	一二八	二二
雑穀	一七九		一七九	七二	一〇七

滿鐵、瀋海連絡ハ北寧線ヘノ連絡不能ノタメ本年ハ滿鐵線ヘノ流入多ク活氣ヲ呈スルニ至ルヘシ

以下ノ數字ハ十月二十二日開通以後ノ荷動キナリ

	昭和六年十月	〃 九月	比較	昭和五年十月	比較
滿鐵線ヘ	五〇四七	二、四八二	二、五六五	六、七九六	△一、七四九
瀋海線ヘ	九七八	一、〇二一	△四三	三、一〇五	△二、一二七

滿鐵、北寧積換、北寧、瀋海連絡ハ不明

產業諸條件

一、附屬地人口數

218

	昭和六年十月	〃九月	比較	昭和五年十月	比較
內地人	二二、一二四	二一、〇五〇	七四	二一、六一一	五一三
朝鮮人	八六八	七七六	九二	八四七	二一
支那人	一六、五八一	一七、九九五	△一、四一四	二〇、〇五九	△三、四七八
外國人	九三八	九七九	△四一	一、一九三	△二五五
計	四〇、五一一	四一、八〇〇	△一、二八九	四三、七一〇	△三、一九九

內地人及朝鮮人等ハ奥地ヨリ避難シ來ルモノモ多少アリ增加セリ、支那人外國人ハ皆時局ノ爲南滿及京津方面ヘ避難セルモノト思料サル

二、奉取省幣相場及出來高

時局前高値二三〇元台、安値一九〇元台ヲ往復セル金對現洋票ハ時局ト同時ニ支那側銀號ノ閉鎖トナリ時局ノ前途見込ツカサル爲等ヨリ一般ニ票ハ反古同樣ニナルヘシトノ豫想多ク其他惡材料續出シ十月九日先物遂ニ二六二元ト記帳シ票ノ行先全ク絕望視ノ有樣ナリシカ幸ヒ十月十五日官銀、邊業兩銀行ノ開店ニヨリ愁眉ハ開カレ時局モ漸次安定ニ向ヒ加フルニ海外銀高標金安ノ好材料ニ斯界ハ漸次恢復シ十月三十一日日米爲替四九弗台割ノ入報ニ高値二〇五元安値二〇〇元ニ記帳シ好調裡ニ越月セリ

217

取引高ハ時局後支那側大手筋ノ避難セルタメ活氣ナク取引殆ントナシ

金對現洋票出來高左ノ如シ

	昭和六年十月	〃 九月	比較	昭和五年十月	比較
總出來高	五、八九六	一一、八三二	△五、九三六	四〇〇三三六	△三九四四四〇
一日平均高	二四五	五六三	△三一八	一、七五六	△一、五一一
受渡高	三九四	二六〇	一三四	七二、二二四	△七一、八三〇

三、組合銀行預金及貸出殘高

時局後當地ノ邦人銀行ハ支那側銀行トノ關係上相當ノ損害アルモノト豫想サレシカ意外ニ斯界ハ平穩裡ニ推移セリサレト一般不況ノ爲金融ハ益々梗塞シ資金ノ運用殆ントナク銀行界ハ閑散ニシテ活氣ナシ

	昭和六年十月	〃 九月	比較	昭和六年十月	比較
預金	二二、六五七、二九六	二三、九四八、四〇七	△一、二九一、一一一	一〇、六四一、八一一	一二、〇一五、四八五
貸出	一五、五八六、一二三	一四、四七八、四六八	△一、一〇七、六五五	一二、七九九、二一五	二、七八六、九〇八

四、奉天手形交換所交換高

218

	手形枚數	交換金額
昭和六年十月	二、二三九	一、六六五、七一二
〃九月	一、六四二	八七二、五九八
九月比較	五九七	七九三、一一四
昭和五年十月	二、八八一	一、八二九、八〇三
比較	△六四二	△一六四、〇九一

昭和六年十月末調

满铁奉天事务所地方课关于提交九一八事变对商业交易行业之影响调查报告事致满铁地方部的函（一九三二年一月九日）

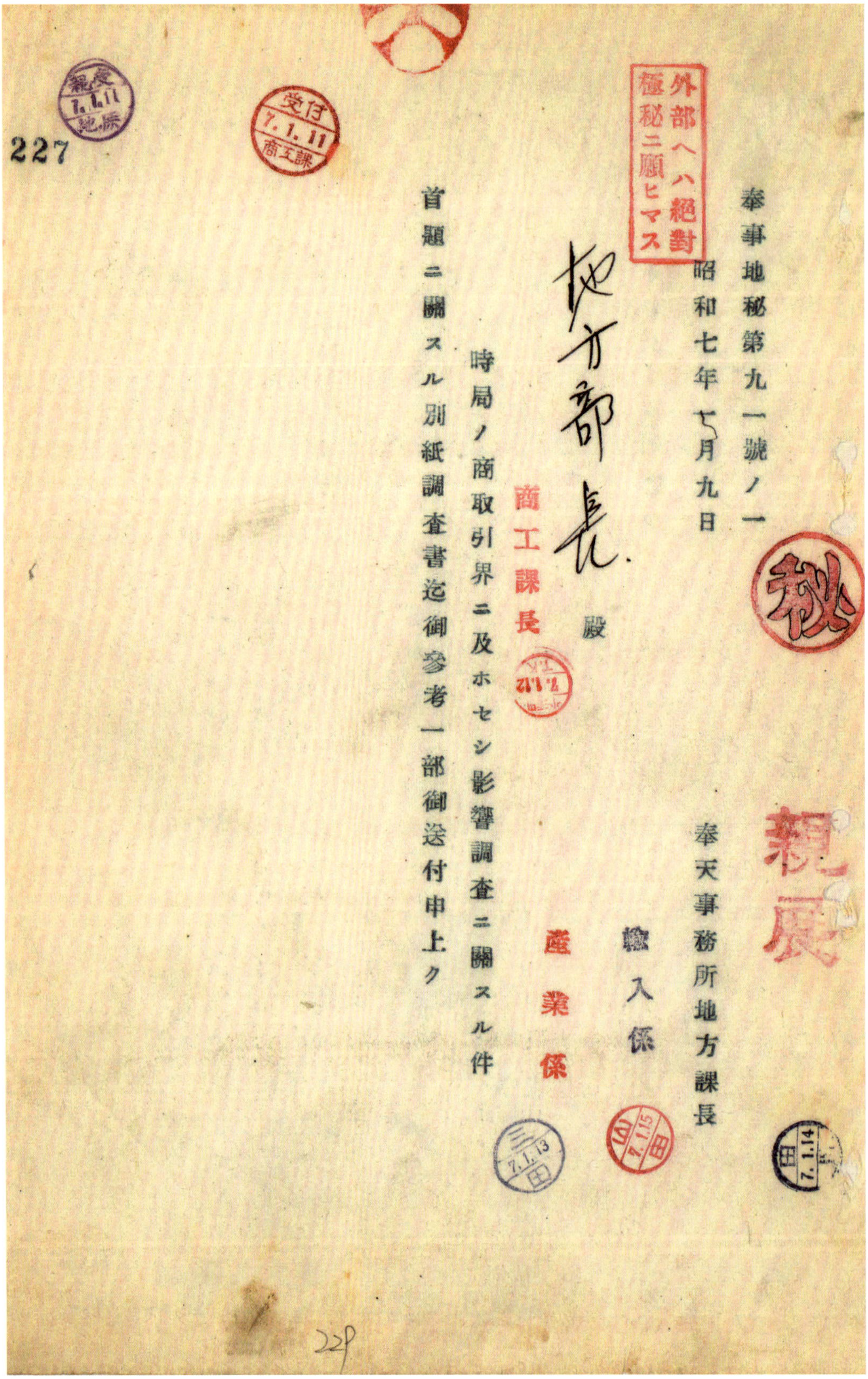
227

秘

親展

外部ヘハ絶對極秘ニ願ヒマス

奉事地秘第九一號ノ一
昭和七年一月九日

奉天事務所地方課長
輸入係

地方部長 殿
商工課長
産業係

時局ノ商取引界ニ及ホセシ影響調査ニ關スル件

首題ニ關スル別紙調査書迄御参考一部御送付申上ク

228

228

昭和六年十二月

時局ノ商取引界ニ及ホセシ影響調

奉天事務所地方課勧業係

230

229

内容

以上

231

時局ノ商取引界ニ及ホセシ影響調書

（本邦各種商店ノ經營現況）

昭和六年十二月現在

一、事變勃發以來對支貿易ハ其ノ得意先トスル支那側官廳方面乃至一般華商方面ノ需要ノ激減皆無ト其ノ賣掛金回收不能ノ狀態トノ影響ヲ受ケテ極メテ不振ノ狀態ヲ呈シ居リ又附屬地ニ於ケル日本商ハ事變ヲ口實トスル乃至事變ノ影響ヲ極端ニ蒙ムリシ方面ヨリノ賣掛金回收不良ト他面一般的需要減トニ原因シテ同樣極度ノ疲弊狀態ニ呻吟シ居リサラテタニ打チ續ク不況ノ爲ニ今ヤ全ク青息吐息ノ狀態ニアルモノナリ

斯カル事情ニ存スルカ故ニ種々其ノ對策ヲ考究スヘク各種同業者ハ寄々協議中ニシテ或ハ商店協會ヲ中心トスル滿鐵社員消費組合ノ撤廢乃至關東廳購買組合ノ廢止等種々ナル目標ニ向テ猛烈ナル運動ヲ開始スヘク夫々準備中ニアルモノナリ

然ルニ目下事變ニ依ル商取引界ノ蒙ムリシ影響ニ關シ其ノ眞相ヲ把握

232

231

スルニ足ル適確ナル材料ニ乏シク其ノ語ル所ニ依レハ或ハ半減ト言ヒ或ハ三分ノ一ト言ヒ而モ世界的不況ニ原因スル影響ト事變其ノモノノ勃發ニ依ル直接影響トハ共ニ一丸トナッテ作用シ益々其ノ眞相ヲ究メ難キモノアルナリ

此ノ故ニ當係ニ於テハ其ノ眞相ヲ究明把握シ之カ對策考究ニ備ヘルトコロアラムトシテ別記ノ如キ數項目ニ就キ各商店ノ實情ヲ照會シ之カ整理ヲ敢行セシモノナルモ時偶々年末賣出期ニ際シ各商店繁忙ノ時ヲ受ケテ其ノ蒐集意ノ如クナラス僅カニ其ノ一斑ヲ窺知シ得ルニ過キサルヲ最モ遺憾トスルモノナリ

以下其ノ大略ニ就イテ記ス

233

二、各種營業ノ內容現狀

業種別	賣上高增減割合 事変前後ノ比較 事変前	事変前後ノ比較 事変後	事変前ノ狀態 昨年同期	事変前ノ狀態 本年	事変後ノ狀態 昨年同期	事変後ノ狀態 本年	賣掛金回收狀態 事変前	賣掛金回收狀態 事変後	ストックノ增減割合（月額賣上高ニ對シ） 事変前	ストックノ增減割合（月額賣上高ニ對シ） 事変後
對支雜貨貿易商	一〇〇、〇	一五、五	一〇〇、〇	五一、六	一〇〇、〇	一四、六	四六、七	一三、七	二三三、〇	七九五、〇
其他ノ貿易商（主トシテ荒雜貨）	一〇〇、〇	二三、三	一〇〇、〇	四六、六	一〇〇、〇	一八、三	四三、三	四〇、〇	八〇、〇	一二〇、〇
附屬地內卸小賣商	一〇〇、〇	七一、一	一〇〇、〇	七七、九	一〇〇、〇	五五、一	五八、一	四三、一	一五九、三	八四二、五
總平均	一〇〇、〇	三六、六	一〇〇、〇	五八、七	一〇〇、〇	二九、三	四九、四	三二、三	一五七、四	五八五、八

234

233

店員数ノ増減				店員ニ對スル総給与ノ比較		総経費ノ売上高ニ對スル割合比較	
事変前		事変後					
日本人	支那人	日本人	支那人	事変前	事変後	事変前	事変後
二、五	一二、〇	二、五	六、六	一〇〇、〇	八二、五	六、三	二〇、二
五、〇	九、七	四、〇	八、七	一〇〇、〇	八三、三	〇、九	一、三
六、六	五、〇	五、八	三、八	一〇〇、〇	八四、七	三三、九	四六、三
四、七	八、九	四、一	六、四	一〇〇、〇	八三、五	一三、七	二二、六

235

1.賣上高增減狀況

総平均賣上高ノ推移狀態ヲ觀ルニ

A、事変前ノ賣上高ニ對シ事変后ノ其レハ僅カニ三六、六％ニ過キス

B、事変前ニ於ケル狀況ハ昨年度ノ其レニ比シ本年度ノ其レハ五八、七％ニ相當シ事変前ニ於テ既ニ世界的不況ニ原由スル賣上高ノ減少ハ四割余ニ及ヒ居リシモノナリ

C、事変后ノ其レラ昨年度ニ對比スルニ僅カニ三〇％弱ニ過キス

2.賣掛金回收狀況

事変前ニ於ケル賣掛金ノ回收ハ約五〇％程度ヲ示シ居リシニ拘ラス事変后ニ於テハ三二％ニ底減セリ、割合ニ換算スレハ事変后ノ賣掛金回收ハ事変前ノ其レニ比シ約三割五分見當ノ減少ヲ示シ居レルモノナリ。

3.ストツクノ狀況

月額賣上高ニ對スル平均ストツクノ割合ハ事変前一倍六分見當ナリシモノカ事変肩后ニ於テハ五倍九分ニ激增シ從末ノ夫レニ對シ三倍

236

235

七分余ノ多キニ達シ居レリ。

4.使用店員數及之ニ對スル総給与ノ移動狀況

事変前ニ於ケル使用店員數ハ平均日人四七支那人八、九計一三、六人ナリシモノ事変后ニ於テハ日人四、一支那人六、四計一〇、五人ニ減少シ居レリ、割合ニシテ三割見當ノ減員ナリ。

総給与ハ事変前ノ八三、五%ニ當リ居リ結局約一割七分ノ減少ナリ。

5.賣上高ニ對スル総経費ノ狀況

事変前ニ於ケル総経費ハ賣上高ニ對シ約一割四分見當ナリシモノカ事変后ノ今日ニ於テハ二割三分見當ニ及ヒ約倍額ノ負担過重トシテ表現セラレ居レリ。

6.以上ハ前表指示ノ如ク三種ノ業種ニ區別シタル各業ノ平均狀態ヲ算術平均ニテ総平均シタル結果ニ就テ観察ヲ進メタルモノニシテ各業種ニ於ケル特異的現象ハ総テ之ヲ省略セシモノナリ、之等ノ点ニ就テハ以下項ヲ改メテ証述ス。

237

三、支那向雜貨貿易商ノ實情

1、對支雜貨貿易業者六戶ニ就キ調査。

2、賣上高增減狀況

A、事變前ノ賣上高ニ對シ僅カニ一五、五％ニ過キス、最高ハ柏內洋行ノ三〇％ニシテ最低ハ寺庄洋行ノ五％ナリ

B、事變前ニ於ケル狀況ヲ觀ルニ昨年度ノソレニ比シ五一、六％ニシテ約半額ヲ示シ居レリ、最高ハ扇利洋行ノ六五％ニシテ最低ハ寺庄洋行ノ四〇％ナリ

C、事變後ニ於ケル狀況ヲ昨年度ニ對比スルニ一四、六％ニ過キス、最高ハ扇利洋行及柏內洋行ノ二〇％ニシテ最低ハ寺庄洋行及久保洋行ノ一〇％ナリ

3、賣掛金回收狀況

支那向雜貨貿易商ノ取引ハ奥地トノ取引ニ於テ三節決濟ノ慣習ヲ有スルカ故ニ勢ヒ其ノ回收期間ハ長期ニ及フヲ普通トスルモノナリ、今之ヲ事變前後ニ就テ觀ルニ事變前ノ其レハ賣上高ニ對シ四六、七％

237

ニ達シ居リシニ事變後ノ其レハ僅カニ一三、七％ニ過キス、割合ニシテ三割弱ニ過キサル狀態ニアルモノナリ

事變前ニ於ケル最高ハ上田○商會ノ七〇％ニシテ其ノ最低ハ柏内及寺庄ノ三〇％ナルニ對シ事變後ニ於ケル其レハ最高カ扇利洋行ノ四〇％ニシテ最低ハ柏内ノ五％寺庄ノ〇％ニ及ヘリ

4、ストツクノ狀況

事變前月額賣上高ニ對シ二倍三分見當ナリシストツクハ事變後七倍九分卽從來ノ約三倍四分余ノ多キニ達シ居レリ、事變前ニ於ケル最高ハ柏内ノ五〇〇％最低ハ久保ノ八〇％ナリシニ對シ事變後ニ於ケル最高ハ柏内ノ二〇〇〇％最低ハ久保ノ七五％ヲ示シ居レリ

5、使用店員數及之ニ對スル總給與ノ移動狀況

事變前ニ於ケル使用店員數ハ總計日人一五名支那人七〇名ナリシモノカ現在ニ於テハ日人一五名支那人四〇名ニ減少シ居レリ、割合ニシテ三割五分見當ノ縮少ナリ

之ニ對スル總給與ハ事變前ノ八二、五％ニ當リ居リ結局約一割八分ノ

238

減少ナリ

6、賣上高ニ對スル經費ノ狀況

事變前ニ於ケル總經費ハ賣上高ニ對シ約六分見當ナリシモノカ事變後ノ今日ニ於テハ二割余ニ及ヒ三倍以上ノ負擔重加トシテ表現セラレ居レリ、事變前ニ於ケル最高ハ久保洋行ノ一〇%ニシテ其ノ最低ハ寺庄洋行ノ三%ナリシニ對シ事變後ノ最高ハ西尾及久保兩洋行ノ三〇%ニシテ最低ハ柏內洋行ノ一五%ヲ示シ居レリ（但寺庄洋行ハ事變前三%ナリシモノカ事變後ハ二%ニ縮少サレ居レリ、誤記ニ非スヤト思考サルルモ眞僞不明。）

239

五、其他ノ貿易商ノ實情

1. 其他ノ貿易商トシテ茲ニ計上シタルモノハ茂林商會（陶キ）永順洋行及三井物產（共ニ荒雜貨）ノ三戶ニ過キスシテ到底其ノ大勢ヲ云々シ得サル狀態ニアルモノナルモ其他ノ商品タル皮革、金物、綿糸布等ノ如キ商品ノ取扱等省ヨリ資料ヲ蒐集シ得サリシカ故ニ取敢ス以上ニ已ムルノ不得已狀態ニアルモノナリ

2. 賣上高增減割合

A 事變前ノ賣上高ニ對シ二三、三%ヲ示シ居レリ、但シ其ノ內容ヲ觀ルニ茂林商會ハ〇ニシテ永順洋行カ四〇%三井物產カ三〇%ヲ示シ居ルモノナリ

B 事變前ニ於ケル狀態ヲ昨年度同期ニ對比スレハ四六、六%ニシテ最高ハ永順ノ七〇%最低ハ三井ノ三〇%ナリ

C 事變后ニ於ケル狀態ハ昨年度同期ニ於ケル其レニ對シテ一八、三%ニ過キス但シ內茂林商會ハ〇ニシテ三井ハ三〇%永順ハ二五%

241

ヲ示シ居レルモノナリ

3. 賣掛金回收狀況

事變前ニ於ケル狀態ハ四三、三%ナルニ對シ事變后ノ夫レハ四〇%ナリ事變前ニ於ケル狀況ハ永順ノ一〇〇%ヲ最高トシ三井二〇%茂林一〇%ナリ事變后ニ於ケルモノハ永順九〇%ニシテ三井ハ三〇%茂林ハ〇ナリ

4. ストツクノ增減狀況

ストツクハ事變前後ニ於ケルモノ共ニ三井ハストツクヲ當地ニ所有セル方針タル關係上皆無ト言ヒ得ヘク永順ハ事變前六〇%ヨリ事變后一二〇%ヘト倍額ニ增加セシニ對シ茂林ハ〇%トナリ商取引全然杜絕ノ狀態ヲ呈シ居レルモノナリ

5. 店員數及之ニ對スル総給與ノ增減比較

事變前ニ於ケル使用店員総數ハ日人一五名支那人二九名ナルニ對シ

242

241

現在ニ於ケル夫レハ日人一二名支人二六名計三八名ニシテ五名ノ減少ナリ

之ニ對スル給與ハ永順及三井トモ移動ナク茂林ハ半減セリ

6. 総經費ノ賣上高ニ對スル割合

〇、九%ヨリ一、三%ヘト約一倍五分ヘノ増加ナリ、但シ本割合ハ三井及永順ノミノ平均ニシテ茂林商會ハ資料不完全ニヨリ省略セシモノナリ而シテ三井ハ事變前後トモ同様〇、七%ニシテ永順ハ一%ヨリ一、八%ヘト増加セシモノナリ

243

五、附屬地內卸小賣商ノ實情

1、茲ニ附屬地內卸小賣商トシテ一括セシ商店ハ食料雜貨商三戸、洋雜貨商一戸、吳服店二戸、紙文房具商三戸、電氣器具及機械商三戸時計貴金屬商一戸、履物商一戸、藥種商三戸、計十七戸ニ就キテ計上セシモノナリ

2、賣上高增減比較

A、其ノ総平均ニ就テ觀レハ事變前ノ七一、一%ヲ示シ居レリ貿易商ニ比較シテ格段ノ相異アルヲ知リ得ヘシ約三割見當ノ減少ナリ

(イ)食料雜貨商

食料雜貨商ノ事變前後ニ於ケル賣上高ヲ觀ルニ事變前ニ對シ差シタル變動ナシ、內吉備商會及福田商店ハ夫々四%及二〇%ノ增加ニシテ獨リ近江屋ノミハ七〇%ヘト三〇%ノ減少ヲ示シ居レリ

(ロ)洋雜貨商

洋雜貨商ハ僅カニ一戸ニシテ充分ナル資料ニ缺クルカ故ニ俄カ

244

243

ニ論斷シ得サルモ右一戸ニ就テ観レハ僅カニ三〇%ニシテ七割ノ減少トナリ居レリ

(ハ)呉服商

呉服商ハ二戸共七〇%ヲ示シ三割ノ減少ナリ

(ニ)書籍紙文房具商

大阪屋號カ二割五分ヲ減少シタル外弘文堂書店ハ變動ナク大野一誠堂ハ返ツテ四割ノ増加ヲ示シ居レリ

(ホ)電氣機械器具商（含寫眞機商）

四三%ニ過キス、但シ純然タル支那商卸商タル和登商行ノ二%ヲ含ムカ故ニシテ其他ノ商店ハ六〇%ー六八%ヲ示シ居レリ

(ヘ)時計貴金屬商

森洋行ハ七〇%ヲ示シ三割ノ減少ナリ

(ト)藥種商

五六%ナリ、但シ近藤洋行ノ二〇%ヲ除外スレハ七三%ー七五%ヲ示シ居レリ

245

B、事變前ノ狀況ヲ前年同期ト對比スレハ約二割二分ノ減少ナリ

(イ)食料雜貨商

六一%ナリ、吉備商會ノ五三%ヲ最底トシ他ハ共ニ六五%ナリ

(ロ)洋雜貨商

七〇%ナリ、三割ノ減少トス

(ハ)吳服商

大差ナシ、入江吳服店ハ八五%ヘト一五%ノ減少ナルモ寺尾吳服店ハ一一〇%ヘト一〇%ノ增加ナリ、寺尾吳服店ハ春日町ヘ移轉シ店舖ヲ新築シ面目ヲ一新シタルコトニ原因スルモノトスレハ結局吳服商ノ其レハ約一割五分見當ノ減少ト觀ルヲ得ヘシ

(ニ)書籍、紙、文房具商

九〇%ナリ、弘文堂ハ差異ナク他ノ二戸ハ各々八五%ヲ示シ居レリ

(ホ)電氣機械器具商

八〇%ナリ、最底六〇%最高一〇〇%ナリ

246

245

(ヘ)時計貴金屬商
九五%ナリ
(ト)藥種商
六八%ナリ
C、事變後ノ狀況ヲ昨年同期間ト對比スルニ五五%ヲ示シ居リ四割五分ノ減少ナリ
(イ)食料雜貨商
六〇%ナリ、四〇%ノ減少ナリ
(ロ)洋雜貨商
二〇%ナリ、八〇%ノ減少
(ハ)吳服商
六五%ナリ、三五%ノ減少
(ニ)書籍、紙、文房具商
大差ナシ、但シ大阪屋號ハ六五%ヘト三五%ノ減少ニシテ大野一誠堂ハ一四〇%ヘト四〇%ノ増加ナリ

247

(ホ)電氣機械器具商

和登及賓信共ニ極端ナル減少ヲ示シ居リ前者ハ一、五%後者ハ五%ニ過キス、木村洋行ハ六八%ヲ示シ居レリ、蓋シ前二者ハ共ニ支那向卸商タルカ故ナリ

(ヘ)時計貴金屬商

六六%ナリ、三四%ノ減少

(ト)藥種商

四〇%ナリ、但近藤洋行ノ一二%ヲ除外スレハ四七%―六〇%ニシテ約半減ノ狀態ナリ

2、賣掛金回收狀態

事變前五割八分見當ナリシモノカ事變後ノ現在ニ於テハ四割三分見當トナレリ、割合ニシテ約二割六分ノ減少ナリ、內最モ甚シキハ支那向卸商ニシテ和登商行ノ如キ四%賓信洋行ノ如キ〇%ヲ示シ居レリ

247

3、ストックノ增減割合

事變前一倍六分見當ナリシモノカ現在ハ八倍四分余ノ多キニ達シ正ニ從來ノ其レニ比シ五倍余ノ割合トナレリ、最モ甚シキハ和登商行ニシテ支那向商品トシテ仕入レタル電氣機械器具類ハ悉クストックトシテ保持サレツツアルモノナリ

4、使用店員數ノ增減及総給與ノ移動狀況

事變前ニ於ケル使用総店員數ハ日本人一一三名支那人八一名計一九四名ナリシモノカ事變後ニ於ケル其レハ日本人一〇〇名支那人六五名計一六五名ニシテ二九名ノ減少ナリ割合ニシテ一割五分ノ縮少ナリ

之ニ對スル総給與ハ八五％ニ當リ約一割五分ノ減少ナリ

5、賣上高ニ對スル經費ノ割合增減

事變前三割四分見當ナリシモノカ事變後ハ四割六分余ニ及ヒ一割二分ノ增加トナレリ、割合ニシテ從來ニ比シ約三割五分見當ノ負擔增加トナレルモノナリ

248

六「現ニ講シツツアル對策並ニ將来將ニ講セントスル對策」並ニ「其他參考事項トシテ上記之等ノ當業者ヨリ蒐集シタル資料ハ次ニ例示スルカ如ク

1. 経費節約、薄利多賣其他合利的経營ヲ策セントスルモノ

2. 將来ニ於ケル発展ヲ希願シテ之ニ備ヘ雄飛ノ日ヲ待タントスルモノ

3. 支那側方面ニ對スル賣掛金ノ整理ヲ緊急事トシ之カ回收ヲ策セントスルモノ

4. 満鉄社員消費組合及関東廳購買組合ノ撤廃廃止ヲ緊急事トシ之ニ向ツテ邁進セントスルモノ

5. 低利資金ノ將来ニ於ケル融資ヲ期図セルモノ

等々ノ範圍ヲ出スシテ一言以テ之ヲ掩ヘハ目下何等ノ對策ナク只消費的ニ持久スルノミ而シテ他日ノ諸条件ノ有利ナル展開ヲ待ツテ雄飛ヲ期図セントシツツアル現狀ヲ出テサルモノト言フヲ得ヘシ

以下各資料ノ大略ヲ記シテ一先ツ本論ヲ擱筆スル

250

249

一、扇利洋行（雑貨貿易）

1. 奉天市内ノ購買力1—3以下ニ減少ス

2. 背後地ハ治安ニ對シ不安去ラス目下尚需要ナシ

3. 金融ノ逼迫意想外ニ達シ本年末ヨリ旧年末ニカケ華商方面ニ相當ノ倒産者ヲ見ム

4. 営業費ノ節約ヲ計リ時局ノ安全ヲ俟ツヨリ外對策ナシ

二、柏内洋行（雑貨及織物貿易）

1. 旧賣掛金ノ整理

2. 可及的経費ノ縮少

3. 將来不當課税等ノ問題ハ當然消滅シ又他面競争相手タル華商ハヨリ以上ノ打撃ヲ受ケタルモノト認メラルルヲ以テ將来ニ於ケル雄飛ニハ有利ナルモノアルヘク此機ニ乗シ商権ノ擴張ヲ図ラント欲ス

三、久保洋行（雑貨、綿製品、化粧品卸）

1. 支那側住民ノ離奉相當数ニ達セル今日彼等ノ帰奉ヲ俟ツノ外策ナキ現状ナリ

251

250

四、上田〇商會（雜貨貿易）

イ、對支貿易ノ回復見込薄ク當分經費ヲ縮少シテ將来二－三年間ノ持久ヲ策スル他ナシ

五、西尾洋行（支那向雜貨貿易）

イ、研究中

六、三井物產（荒雜貨）

イ、只管市場ノ常態ニ復帰スルヲ俟ツ耳

七、永順洋行（砂糖、染料、綿布、洋紙貿易）

イ、從来ノ賣掛制度ヲ全廢シ現金賣込ヲナシツツアリ

252

251

八、茂林商會（陶磁器、硝子器）

1、銀安ノ打撃ニ引續キ關税四割ヘノ改正アリ且當地ノ製品ニ押サレテ目下見當モ付ケ難ク自家製造等ニツキ研究考慮中

九、吉備商會（食料、雜貨）

1、關東廳購買組合及滿鐵社員消費組合ノ撤廢ヲ要望スル

一〇、近江屋商店（食料、雜貨）

1、滿鐵社員消費組合其ノ他類似組合ノ撤廢ヲ要望スル

2、經費ノ節減ヲ計ル

一一、福田商店（食料雜貨卸）

1、支那側取引絶望、賣掛金回收不良ノ状態ニアリ

2、滿鐵社員消費組合、關東廳購買組合ノ賣上高ハ六〇ー六五％ニ及ヒ市中側ハ四〇ー三五％（但シ食料品ノミ）ト觀測サル、個人營業者ハ之ト對抗上種々ナル事情伏在ノ爲死地ニアリ速カナル撤廢ヲ要望スル

3、金ヲ貸シテ頂クヨリハ仕事ヲ多クコシラヘテ貰フコトカ急務ナリ

252

ト思考スル

一二、寺尾呉服店（呉服類附屬品）

1、仕入極減

2、口錢利益率低下

3、掛賣引締

4、賣掛金回收努力

5、經費ノ大節約

一三、入江呉服店（呉服）

1、極端ナル最低廉（原價ニ近キ價格）販賣ニテ持久戰ノ覺悟

2、事變終了シ人氣轉換ノ機ニ於テハ積極的活躍ノ方針

一四、大阪屋號書店（書籍、雜誌、文房具）

1、經費ノ節減ヲ實行シ暫時靜觀

2、事變解決後ハ實狀ニ則シ增員擴張ノ豫定

254

253

15、弘文堂書店（書籍、雜誌、文具、新聞）
A、集金率ノ向上ヲ計ル為メ從來ノ支那人ヲ廃シテ日人使用ノ目的
B、現金販賣ヲ励行シテ收金ニ関スル経費ヲ節減シ薄利多賣主義ニテ進ム方針

16、大野一誠堂（紙、文具）
A、軍隊用消耗品及事務用諸用紙ノ賣行ヲ見越シ之ニ對シ準備ヲナシ置ク豫定

17、順益成洋紙莊（洋紙）
A、從來支那官廳乃至會社方面ノ購入ハ総テ支商ヲ通シタルモ今後日商モ同樣ニ扱ハレル場合ハ同方面賣込ノ充分ナル見込アリ、目下着々此ノ方面ニ準備交涉中
B、現在支那側官廳乃至印刷所方面ハ総テ閉鎖中ノ狀態ニシテ需要皆無

18、奉天和登滿行（電氣用品）
A、得意先ハ主トシテ支那官憲方面ナル為メ請求ノ相手モナク只軍部ノ力ニテ一日モ早ク解決セラルルヲ待ツ耳

255

B、賣掛金回收不可能トスレハ店ハ破產、生計ノ通ヲモ失フヘシ

C、現業継続ノ見込ナシトスレハ他ニ轉業セネハナラヌト杞憂中

19、賣信洋行（電機及各機械）

A、從来純然タル支那官衙相手ノ取引ナルカ故ニ目下賣掛金ノ回收ニ對シ商工議方面ヲ通シ極力對策考究中ナルモ事変後一銭ノ回收モ出来ス又取引モ全然杜絶ノ狀態ニアリ

20、木村洋行（写眞材料商）

A、経費節約

B、仕入方法研究ニヨルストック小量手持

C、見越仕入ヲ要スヘキ外国品ノ取扱ヲ少クシ国產品ノ取扱ニ努力スル

D、事変ヲ口実ニ回收狀態悪ルク困却、最大ノ困却ハ旧政府ニ對スル取立不能

E、国產品ニ對シテハ特別保護関税ヲ開キ外国品ヲ牽制スルヤウ將来取計ラレ度キコト

256

255

21、森洋行（時計、貴金屬、蓄音機、寫眞機）
一、賣掛代金ノ回收困難ノ爲支那向ハ賣込中止ノ狀態ニアリ
二、事變ノ安定ヲ俟ツテ積極的ニ活躍ノ豫定

22、佐藤廣濟堂藥房（賣藥、醫療機械、化粧品）
一、人口ノ增加ハ卽購買力ノ增大ヲ意味スルモノニシテ此ノ意味ニ於テ將來ノ發展ヲ期待スルコト切ナルモノアリ
二、現在當地ノ人口減少極メテ著シク相當ノ打擊ヲ受ケ居レリ
三、城內方面ヘノ進出ハ從來ノ如キ不當ノ壓迫除外セラレ容易ナルニ至レリ
四、銀行金利ノ低下必要

23、鶴原藥房（藥品、醫療機械器具、衛生材料、化粧品、染料）
一、諸經費ノ節約
二、業務能率ノ增進
三、販賣能率ノ增進
四、新販路ノ擴張ニ對シ努力

257

256

24、山岸十全堂（藥品、衛生材料、賣藥）

一、大部分ノ客ハ支那人ナルカ故ニ一日モ早ク平和トナリ奥地トノ取引カ圓滑ニ行ハレルコトヲ必要トスル

二、滿鐵社員消費組合ノ撤廢ヲ要望ス

三、事變後軍隊方面ノ需要アリ賣行稍增進シタルモ滿鐵方面ノ減俸、轉勤ニ原因シテ賣掛金回收困難ナリ

25、大學堂藥局（賣藥、衛生材料、化粧品）

一、目下對策ナシ

二、將來當地ノ發展アル場合滿鐵側ノ低利融資ヲ要望スル

26、中村陶器店（陶器）

一、日人相手ノミナレハ現在三軒ノ陶器店ハ過多ニ失ス

二、運賃、稅金諸掛カ原價ニ對シ十三割ノ多キニ達スルコトハ最大難關テアル

三、仕拂ヲ如何ニシテ斷ルカト云フ以外ニ策ナキ狀態テアル

258

257

27、不明

一、満鐵社員消費組合ノ撤廢ヲ要望ス

258

公主岭交易所信托株式会社专务董事大岩峰吉关于提交九一八事变研究资料事致满铁监理部部长竹中政一的函
（一九三二年四月十九日）

264

内3-3

監管計32第6號3/3

公信發第六二號

昭和七年四月拾九日

公主嶺取引所信託株式會社
專務取締役　大岩峯吉

南滿洲鐵道株式會社
監理部長竹中政一殿

滿洲事變ニ関スル研究資料提出之件

拝復三月三十日附監管計三一號第八二號ノ五七貴信ヲ以テ御申越有之候首題ノ件別紙ノ通リ拝答此段得貴意候

公主嶺取引所信託株式會社

256

265

一、特産物定期取引市場ノ衰退

昨年九月日支事變突發以来満洲経済界ハ異常ナル衝動ヲ蒙リタルカ就中投機市場ノ受ケタル影響尤モ深刻ニシテ十月以降翌年三月迄ハ特産物市場ノ書入期ナルニ不拘終始休業ニ等シキ閑散状態ヲ以テ推移シタリ蓋シ事變以来取引人ノ不安人気濃厚ニシテ萎縮退嬰投機取引ヲ行フ餘裕ナキノミナラス奥地取引所ノ客筋ハ沿線背後地ニ於ケル農村都市京奉線沿線関内地方

公主嶺取引所信託株式會社

(4. 11 滿日社納)

257

ノ特產品ヲ主トセル處此等客筋ハ時局混乱ト匪賊ノ脅威ニ畏怖屏息シテ全然取引ヲ為サヽルタメニシテ時局以来ノ當地取引所ノ出来高ヲ昨年同期ト比較セハ左ノ如シ

自昭和六年十月一日 至七年三月三十一日	糧豆先物取引出来高	三四〇車
自昭和五年十月一日 至六年三月三十一日	仝	一五、九四四車
比較	減	一五、六〇四車

二、特產物出廻減少

當地附近ハ時局以来匪賊ノ横行甚シク一時當

公主嶺取引所信託株式會社

267

地ハ此等匪賊ノ包囲スル所トナリ背後地トノ交通困難トナリタルタメ特産物ノ出廻幾ト全滅ノ状ヲ呈シタルカ其後主要道路ニ於ケル装甲自働車ノ運転軍隊ノ出動等ニヨリ治安漸ク維持セラルヽニ至リタルモ時已ニ特産期ヲ経過セルタメ出廻捗々シカラス昨年同期ニ比スルトキハ著シキ減少ナリ即左ノ如シ

	自昭和六年十月一日 至七年三月三十日 出廻高	
大豆	三四、七一六	瓲
高粱	三五、八三七	〃

公主嶺取引所信託株式會社

(4. 11 …)

259

雜穀　五、二九七〃

合計　七五、八五〇、

自昭和五年十月一日
至　六年三月三十一日　出廻高

大豆　一〇八、三八八瓲

高粮　四七、〇九〇〃

雜穀　一六、八八八〃

合計　一七二、三六六〃

比較減

大豆　七三、六七二瓲

高粮　一一、二五三〃

公主嶺取引所信託株式會社

(4. 11 □日社納)

260

269

雜穀　一、五九一　〃

合計　九六、五一六　〃

三、金融界ノ影響

事変発生以来金融機関ノ警戒ト一般取引減退ニ伴ヒ金融界亦未曾有ノ閑散ニ陥リタリ昨年十月以降本年二月末ニ至ル當地各銀行ノ貸付状況ヲ昨年同期ト比較セハ左ノ如シ

自昭和五年十月一日至昭和六年二月末日

種類	貸付高	回收高	二月末現在高

公主嶺取引所信託株式會社

(4.11 滿日社納)

261

種類	價付高	回收高	二月末現在高
金	二,七四七,一六〇.〇〇	二,二六二,九三八.〇〇	四八四,二二二.〇〇
鈔票	一〇,八五六,二九四.〇〇	七,二四八,三一三.〇〇	三,六〇七,九八一.〇〇
現大洋(票ヲ含ム)	一三三,九七九.〇〇	一七,四九三.〇〇	二三三,四八六.〇〇

自昭和六年十月一日至昭和七年二月末日

種類	價付高	回收高	二月末日現在高
金	一,九七〇,五九六.〇〇	一,七四六,三八二.〇〇	二二四,二一四.〇〇
鈔票	四,六〇一,八四一.〇〇	三,五八九,六七〇.〇〇	一,〇一二,一七一.〇〇
現大洋(票ヲ含ム)	一四三,五九五.〇〇	四一,六九〇.〇〇	一〇一,九〇五.〇〇

比較 △減

種類	價付高	回收高	二月末現在高

公主嶺取引所信託株式會社

(4. 11 滿日社納)

262

271

金	△ 七七六、五六四〇〇	△ 五一六、五五六〇〇	△ 二六〇、〇〇八〇〇
鈔票	△ 六、二五四、四五三〇〇	△ 三、六五八、六四三〇〇	△ 二、五九五、八一〇〇〇
現大洋	九、七一六〇〇	二四、一九七〇〇	△ 一三、五八一〇〇

四、将来ノ豫想

前記ノ如ク事変以来当地方経済界ハ異常ナル打撃ヲ蒙リタルモ這ハ畢竟変乱ニ伴フ過渡的現象ニシテ新國家確立シ治安全ク維持セラレ人心安定スルニ至ラハ漸次回復スルモノト思料ス

緒

公主嶺取引所信託株式會社

(4.11

263

满铁监理部考查课关于提交九一八事变费用凭证审查报告事致满铁经理部、监理部的函（一九三二年五月三十一日）

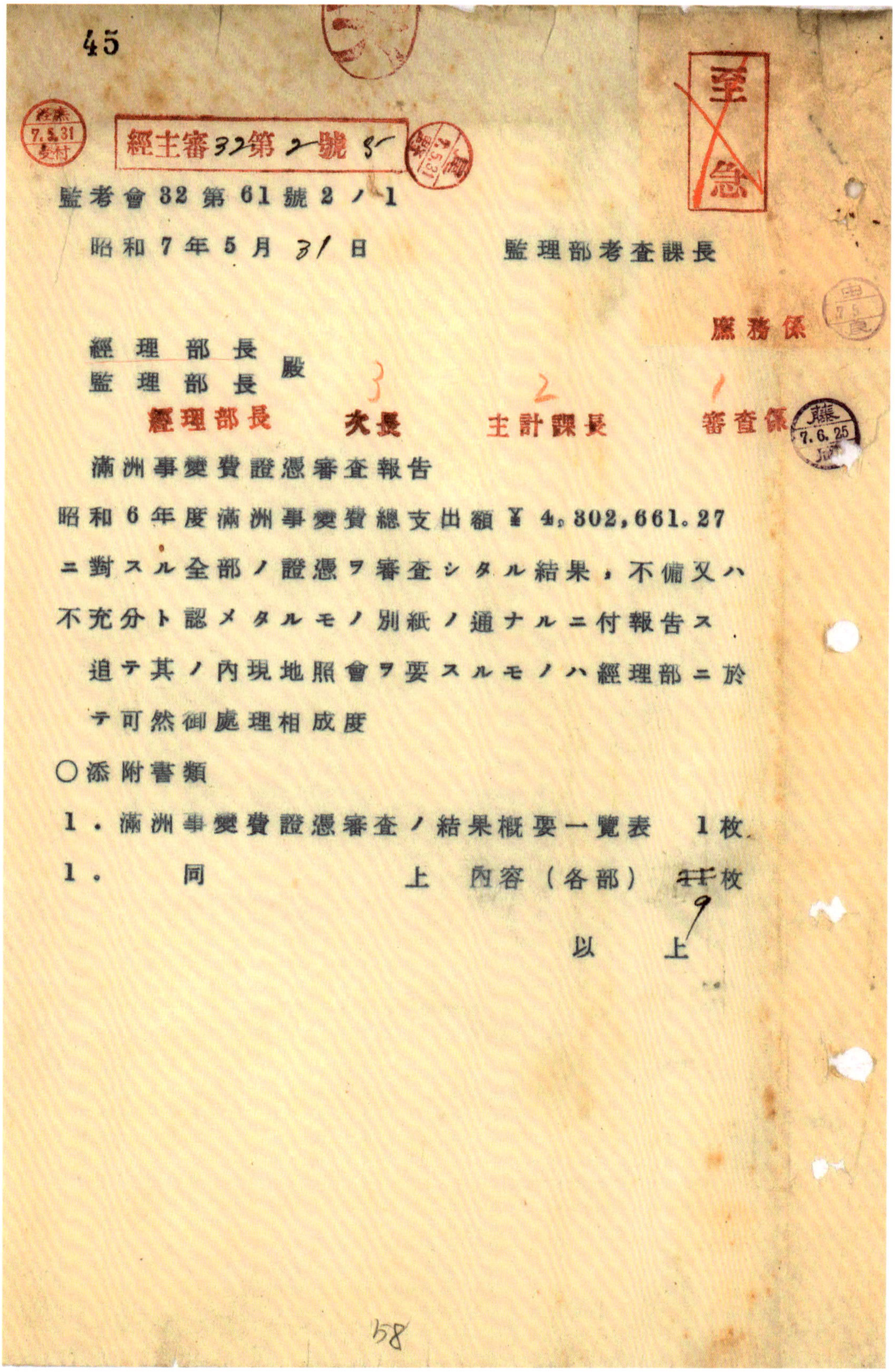

45

至急

經主審32第2號5

監考會32第61號2ノ1

昭和7年5月31日　　　監理部考查課長

庶務係

經理部長
監理部長　殿

經理部長　次長　主計課長　審查係

滿洲事變費證憑審查報告

昭和6年度滿洲事變費總支出額¥4,302,661.27ニ對スル全部ノ證憑ヲ審查シタル結果，不備又ハ不充分ト認メタルモノ別紙ノ通ナルニ付報告ス

追テ其ノ内現地照會ヲ要スルモノハ經理部ニ於テ可然御處理相成度

○添附書類

1．滿洲事變費證憑審查ノ結果概要一覽表　1枚

1．同　上內容（各部）~~41~~ 9枚

以上

58

附：九一八事变费用凭证审查报告

46

満洲事変費証憑審査ノ結果概要一覧表

監理部考査課

	① 總務部庶務課人事課			② 鉄道部経理課			③ 地方部庶務課			④ 経理部会計課			合計	
	区分	件数	金額	区分	件数	金額	区分	件数	金額	区分	件数	金額		
A. 事由、実状、範囲、支拂單價等不明ニ付之ノ照会ニ依リ一應照会スルノ要アリト認ムルモノ	1. 故柳田駅長葬儀費	1	19[illegible].88	1. 焚出シ食費、其ノ他 2. 旅宿黒貨 3. 哈爾濱事務所関係諸費	5 1 1	[illegible].76 1,609.08 970.29	1. 焚出、食費及弁当代 2. 南嶺警備援助費 3. 義勇團本部諸費	6 1 1	1,206.40 198.67 57.45	1. 焚出食料品代	6	263.18		
計		1	199.88		7	4,812.08		8	1,459.52		6	263.18	22	6,734.66
B. 社費不相當ト認ムル根據又ハ事由照会ヲ要スト認ムルモノ	1. 社員慰問費 2. 石炭代 3. 使用人心付	1 1 1	6.00 46.21 69.48	1. 時局出張宿泊料	1	46.00								
計		3	121.64		1	46.00							4	167.[illegible]
C. 弔慰金贈呈者氏名、各人金額ノ明細不明ニ付照会ヲ要スト認ムルモノ	大興附近戦死者、守備隊將士警官、巡捕	5	22,890.00											
計		5	22,890.00										5	22,890.00
D. 証憑不備ナル添附セシムルノ要アリト認ムルモノ	飛行機用品代、引揚社員帰還手当、時局関係用品代、新聞代、将校観迎会費、謀報者手当、情報蒐集費	10	3,025.15	1. 現大洋両替換算損 2. 時局北寧派遣之携行用品代 3. 鉄道派遣之本台条	1 1 1	269.49 [illegible].52 40.60				1. 自動車料	1	290.70		
計		10	3,025.15		3	2,390.61					1	290.70	14	5,706.46
E. 長期間現金ヲ保留シタル事由ニ付照会ノ要アリト認ムルモノ	時局費引当概算拂	1	500.00											
計		1	500.00										1	500.00
F. 目下主計課ヨリ本受領証徴求方要求中ノモノ		75	2,492.80											
計		75	2,492.80										75	2,492.80
合計		95	29,229.47		11	7,248.69		8	1,459.52		6	553.88	121	38,491.56

59

① 47

滿洲事変費記憑審査ノ結果

（内容照會又ハ記憑ノ請求ヲ要スルモノ）

總務部庶務課

整理 月	日	傳票番號			科目	摘要		金額	備考
						(B)			
1	20	20/1	總庶	1489	滿洲事変費	9/12 總庶人31才4号69ニ依ル社員銭間費 ¥72.56ノ内		6.00	¥72.56ノ内宿泊料二人分6.00（龍沙旅館拂）ヲ社員負担トスル根據又ハ事由如何
3	3	24/2	北公	706		公所内公使館及出張所用石炭代 紅煤 4屯	文林洋行	¥65.00 @132.- 46.21	會社負担トスル根據又ハ事由如何
〃	9	27/1	上文	1966		時局中支那人使用人ニ対スル恤付	柳金水外	¥90.- @129.65 69.43	会社常傭方ニ恤付ヲ支給スルノ必要アリトセバ特別ニ承認ヲ受クルコトヲ要ス 内 8/12 方良濟 ¥20.00 @129.65 15.43 / 18/1 吳宗生 ¥30.00 〃 23.15 ｝ニ対スル 記憑ニハ"I.O.U."トアリ部ナ借用証ナルカ受領金ヲ其マヽクレテヤツタモノナレバ記憑ヲ受領証ト取替フルコトヲ要ス
							小計	121.64	
						(C)			
11	17	21/10	總庶	4492		千山附近ニ於ケル負傷警官見舞金	鞍山地方事務所長	190.00	贈呈先ナシ
12	8	4/12	奉地	405		第一師團將士慰靈祭ニ対スル護載弔慰金	関屋悌蔵	7,900.00	戦死者氏名各人別弔慰金額明記ナシ且贈呈先ノ受領証ナシ
〃	〃	〃		406		〃	〃	400.00	〃
	15	17/12	本地	636		8/12 中心台ニ於ケル殉職巡捕外2名ニ対スル弔慰金	大倉毅象	300.00	殉職者氏名各人別弔慰金額明記ナシ且贈呈先ノ受領証ナシ
	〃	17/11	總庶	4596		大興附近ニ於ケル戦死者ニ対スル弔慰金	関屋悌蔵	14,100.00	戦死者氏名弔慰金額明記ナシ且贈呈先ノ受領証ナシ
							小計	22,890.00	
						(D)			
9	追6	30/9	洮公	383		臨時時局諸費用 ¥575.00 @44.- ¥261.52ノ内	湯淺秀	86.24	(1) 湯淺秀拂銀70元 ¥30.80 仕上自動車料及借用自動車運轉手ニ対シ仕上先ノ受領証ナシ 提出スルコトヲ要ス (2) 湯淺秀拂銀126元 ¥55.44 時局ニ際シ支給セル蒋璧如外13名ニ支給セル臨時手当ハ会社ノ承認ヲ得タルモノナリヤ 尚之ニ対シ各人別ノ受領証ヲ提出スルコトヲ要ス
12	2	24/11	洮公	14		泰來飛行隊用品代 ¥2,306.00 @¥51.60	湯淺秀	1,190.38	受領証ハ洮南公所保管ノ由ナルモ他ノ記憑ト同様経理部ニ提出セシムルコトヲ要ス
	28	9/12	洮公	109		引揚社員及家族歸還手当 湯淺秀外4	湯淺秀	100.60	受領印押捺漏ニツキ捺印セシムルコトヲ要ス
1	7	26/12	〃	168		時局関係諸物品代	〃	29.92	〃
	21	14/1	總庶	5837		社外線社員購讀新聞代 滿洲日報 265部	滿洲日報社	54.15	受領証ナシ
2	10	7/2	至公	640		石田中佐觀迎会費 ¥11.70 @149.-	原武	7.85	本受領証ナシ
	18	6/2	鄭公	627		諜報者10名分旨当引当 ¥357.00 @140.-	林昌雄	250.00	諜報者ノ受領証ヲ提出スルヲ要ス
3	3	24/12	〃	687		情報蒐集費 ¥500.00 @122.-	山下誠信	409.84	〃

60

①　　48

整理月日		傳票番號			科目	摘	要	金額	備考
8	23	17/8	鄭公	789	満洲事変費	情報蒐集費引当　第800-　@127-	山下靖信	236 22	牒報者ノ受領証ヲ提出セシムルヲ要ス
,	追8	30/,	吉公	12		吉林長官公署顧门花田詠平大馬費			
						旧歴臘末ニ付キ民政廳ボーイ心付		45 00	受領証徴収不能トアリ、若シ絶対ニ徴収不能ナレハ之等ニ対シテハ支拂証明書ノ添付ヲ要スル次第ナルガ依ズシモ徴収不能ノモノノミナラス即チ△印ヲ付セルモノノ如キハ提出可能ノモノナリト考フ
						〃　公所ボーイ運轉手ニ心付		30 00	
						〃　民政庁各科長ヘ贈呈商品券代		130 00	
						〃　民政庁々長ニ贈呈ラジオ代		75 00	
						〃　吉林クラブボーイニ心付		30 00	
						1月分中國人操縦機密費　大迫芳治		△ 100 00	
						2、3月分		△ 200 00	
						長官公署交際之丁冠軍ヘ贈呈		△ 50 00	
							小計	3 025 15	
						(E)			
11	7	3/10	鄭公	152	仮拂金	時局費引当（概算拂）	菊井実荘	500 00	3/3振伝#56ニテ未収金ニ振替整理ナシ7/4/1収伝#6ニテ戻入シアリ結果ヨリ見テ概算拂スルノ必要ナカリシモノナラズヤ。斯ク長期間（5ケ月）手許ニ保留シ在リタル事由ヲ質シ其ノ結果金利ヲ徴スルノ必要アリト考フ
							小計	500 00	
						(F)			
1	27	10/1	秋駅	99	満洲事変費	1月分密偵費	秋木荘駅長	31 00	交付先ノ受領証ナシ（目下経理部主計課ニ於テ請求中）
	,	21/1	高,	112		12月分　〃	高麗门　〃	31 00	〃
	,	16/1	乱,	113		1月分　〃	乱石山　〃	20 00	〃
	28	12/1	祁,	113		〃　〃	祁家堡　〃	30 00	〃
	,	24/1	鳳,	248		12月分　〃	鳳凰城　〃	50 00	〃
	30	,	橋,	168		1月分　〃	橋頭　〃	31 00	〃
2	5	26/1	深,	75		〃　〃	深井子　〃	11 10	〃
	,	21/1	新,	239		匪賊情勢偵察密偵費	新台子　〃	20 00	〃
	,	1/2	遼,	363		密偵使役費	遼陽　〃	120 00	〃
	6	2/2	本,	792		〃	本溪湖　〃	30 00	〃
	8	31/1	高,	116		1月分密偵費	高麗门　〃	30 00	〃
	9	2/2	得,	101		2月分　〃	得勝台　〃	20 00	〃
	,	31/1	十,	22		1月分　〃	十里河　〃	20 00	〃
	10	3/2	蛤,	120		〃　〃	蛤蟆塘　〃	30 00	〃

61

①　49

整理月日		傳票番號			科目	摘	要	金額	備考
2	10	3/2	林駅	147	満洲事変費	1月分　密偵費	林家台駅長	3000	交付先ノ受領証ナシ(目下経理部主計課ニ於テ請求中)
	,	2/2	湯,	,		,　,	湯山堡　,	3000	,
	12	4/2	楡,	100		密偵使用料、26/2—31/1　@,50	楡樹台　,	1900	,
	,	1/2	陳,	121		1月分　密偵費	陳相屯　,	1440	,
	13	3/2	立,	128		密偵使用料　王澤民分1	立山　,	2000	,
	15	5/2	中,	105		1月分　密偵費	中固　,	2000	,
	,	6/2	鳳,	272		,　,	鳳凰堡　,	5000	,
	16	8/2	橋,	187		2月分　,	橋頭　,	3000	,
	17	9/2	秋,	118		,　,	秋木荘　,	3000	,
	,	2/2	連,	96		,　,	連山関　,	10000	,
	,	14/2	安,	872		,　,	安東　,	4000	,
	20	13/2	湯,	77		1月分　,	湯崗子　,	1000	,
	,	,	李,	104		2月分　,	李石寨　,	900	,
	,	,	乱,	126		,　,	乱石山　,	2000	,
	22	,	鶏,	279		,　,	鶏冠山　,	5000	,
	,	12/2	南,	672		,　,	南攻　,	1870	,
	23	15/2	刘,	138		,　,	刘家河　,	3000	,
3	2	21/2	通,	118		,　,	通遠堡　,	3000	,
	3	23/2	新,	261		,　,	新台子　,	2130	,
	4	25/2	祁,	128		,　,	祁家堡　,	3000	,
	,	26/2	高,	134		,　,	高麗门　,	3000	,
	,	,	安,	988		,　,	安東駅事務主任	4000	,
	7	,	草,	310		,　,	草河口　,	3000	,
	,	2/3	遼,	465		,　,	遼陽　,	12000	,
	,	,	本,	871		3月分　,	本鶏湖　,	3000	,
	8	24/2	四,	110		2月分　,	四台子　,	3000	,
	,	1/3	呉,	114		,　,	呉家屯　,	610	,
	,	,	他,	185		,　,	他山　,	1200	,
	9	27/2	深,	83		,　,	深井子　,	900	,
	,	1/3	歪,	87		,　,	歪頭山　,	2000	,
	,	2/3	平,	109		,　,	平頂堡　,	3000	,
	,	,	得,	110		3月分　,	得勝台　,	2000	,
	,	1/3	湯,	161		2月分　,	湯山堡　,	3000	,
	,	,	鳳,	291		,　,	鳳凰城　,	5000	,

62

① 50

整理月日		傳票番號			科目	摘		要	金額	備考
3	9	3/3	安駅	1037	満洲事変費	2月分密偵費		安東駅府嘱託一	4000	交付先ノ受領証ナシ(目下経理部主計課ニ於テ請求中)
	12	2/3	楡 〃	113		〃 〃		楡樹台駅長	1450	〃
	〃	〃	蛤 〃	129		〃 〃		蛤蟆塘 〃	3000	〃
	〃	3/3	連 〃	221		3月分 〃		連山関 〃	8000	〃
	〃	4/3	安 〃	1249		2月分 〃		安東駅府嘱託一	4000	〃
	15	〃	祁 〃	133		3月分 〃		祁家堡駅長	3000	〃
	〃	2/3	林 〃	164		2月分 〃		林家台 〃	3000	〃
	〃	5/3	南 〃	782		3月分 〃		南坎 〃	1970	〃
	18	9/3	五 〃	200		2月分 〃		五龍背 〃	3000	〃
	19	9/3	秋 〃	132		3月分 〃		秋木荘 〃	3000	〃
	〃	14/3	安 〃	1313		〃 〃		安東駅府嘱託一	12000	〃
	23	13/3	李 〃	116		〃 〃		李石寨駅長	900	〃
	〃	16/3	本 〃	916		〃 〃		本渓湖 〃	3000	〃
	24	15/3	新 〃	186		2月分 〃		新城子 〃	1500	〃
	28	14/3	立 〃	155		〃 〃	王澤民から	立山 〃	2000	〃
	29	18/3	四 〃	117		3月分 〃		四台子 〃	3000	〃
	30	22/3	劉 〃	157		〃 〃		劉家河 〃	3000	〃
	〃	21/3	橋 〃	255		〃 〃		橋頭 〃	3000	〃
4	2	20/3	立 〃	172		〃 〃	王澤民から	立山 〃	2000	〃
	〃	24/3	新 〃	285		〃 〃		新台子 〃	2000	〃
	〃	25/3	鶏 〃	326		〃 〃		鶏冠山 〃	5000	〃
	〃	〃	草 〃	339		〃 〃		草河口 〃	3000	〃
	〃	27/3	通 〃	142		〃 〃		通遠堡 〃	3000	〃
	4	31/3	遼 〃	582		〃 〃		遼陽 〃	12000	〃
	5	30/3	平 〃	118		〃 〃		平頂堡 〃	3000	〃
	〃	〃	乱 〃	139		〃 〃		乱石山 〃	1400	〃
	6	29/3	鞍鉄	4529		〃 〃		鞍山 〃	2000	〃
								小計	249280	∨ 246280

63

① 51

滿洲事變費証憑審査ノ結果

（内容照會又ハ証憑ノ請求ヲ要スルモノ）

總務部人事課

整理月日		傳票番號			科目	摘要		金額		備考
1	21	10/12	安会	860	滿洲事變費	(A) 元秋木莊駅長故柳田佐市葬儀費用	安東地方事務所長	199	88	
							小計	199	88	

② 52

鉄道部経理課

満洲事変費証憑審査ノ結果

（内容照会又ハ証憑ノ請求ヲ要スルモノ）

整理月日		傳票番號			科目	摘要		金額	備考
						(A) 1.			
10	26	19/10	長鉄A	247	満洲事変費	公主嶺時局派遣者食事代		23.40	明細書ヲ缺ク、尚本人ヨリ戻入ヲ要セサルト照会ヲ要ス
	直1	23/10	〃	265		時局派遣者宿食料 16名 23/10－29/10分		118.10	本人ヨリ戻入ヲ要スルモノト認ム（24/10長鉄AC#263宿食料37名 20/10－24/10分¥362.20ニ対シテハ戻入セシメツヽアリ。同性質ノモノナレハ戻入ヲ要ス）
11	7	30/10	乱駅	81		日支交戦ノ際應援者ニ対スル炊出（29/10奉鉄庶経31.26.1.2ニ依ル）		21.00	傳票ニ駅長以下日本人4名@¥5.00 中國人1名¥1.00ナル旨記載アリ。炊出トシテハ1名当リ金額他ノ例ニ比シ著シク大ニシテ或ハ現金ニテ支給セルモノカトモ思ハル、文書内容鉄道部経理課ニテ判明セハ照会ノ必要アリト認ム
3	16	9/3	洮公	307		時局中洮昂線派遣者食事代		2,195.61	下記¥74.65ト同性質ノモノナリ（内容ニツキテハ証憑不備ノ分参照）
〃	24	17/3	〃	343		時局ニ関シ局友其他ニ謝礼及2月分食費仮払¥312.10ノ内		74.65	食費仮払¥74.65ニツキテハ他トノ均衡上社ニ負担ノ根拠又ハ事由等一應事情ヲ調査シタル上査定ヲ要スルモノト思料ス
							小計	2,432.76	
						(A) 2			
12	直9	18/12	鉄日	1890		12月分振替旅客運賃		1,409.03	内容ヲ調査セシトコロ、営口行神谷組ノ大車運賃ヲ主トシ其他安奉線室師団長及安東警察署長貸切扱客車料金ナリ。事変費整理ニ対シテハ決裁文書ノ如キ根拠ヲ明ニスルヲ要スルモノト認ム
							小計	1,409.03	
						(A) 3.			
3	直18	21/3	鉄決	13051		哈爾賓時局事務所関係諸費		970.29	本金額中海林停車場司令部雑費仮払トシテ¥75馬場儀雄（大連駅助役）渡方200.－アリ未精算ナリ。事由照会ヲ要スルモノト認ム
							小計	970.29	
						(B)			
11	27	17/11	奉安	110		時局出張宿泊料 20/9－23/9 坂街之田水 9 6/10人	奉天大丸旅館	46.00	会社負担ノ事由照会ヲ要スルモノト認ム
							小計	46.00	

65

53

②

整理月日	傳票番號	科目	摘要		金額	備考
			(D)			
10 12	2/10 長鉄A 187		現大洋買賣換算技（派遣之ニ支給ノタメ買入レタルモ不要トナリ賣却）		269 69	賣買金額及換算相場ノ記載ナク証憑ナシ
12 追2	20/12 鉄A 1122		時局北寧派遣者携帯物品代（組合ヨリ購入ノ分）		2 080 52	証憑ナシ尠クトモ明細書ヲ要スルモノト認ム
1 追1	26/12 撫駅 1920		鉄道派遣者奉告祭		40 60	証憑ナシ
				小計	2 390 61	
			(A)参照			
3 16	9/3 洮公 307		時局中洮昂線派遣者食事代		(2 198 61)	
			内訳(1) 証憑アルモノ			
			a. 時局食料品代（牛罐及リンゴ代）	12.50		納入先領收証及石原顧問ノ受領証アリ
			b. 〃 （組合ヨリ購入品）	8.40		組合通帳控ヲ添付シタル石原顧問ノ受領証アリ
			c. 1月下旬別館賄料	155.00		南満旅館ノ領收証アリ
			(2) 責任者ノ受領証アルモ附属証憑不完全ノモノ			
			a. 洮昂線時局中諸費用	545.40		石原顧問ノ受領証アルモ下記￥134.20ノ外ハ附属証憑ナシ 味噌醤油 20.45 ｝証憑アリ 餅代 74.00 ｝ 2月分組合ヨリ配給品 7.23 ｝組合納金票アルモ内容不明 12月分 〃 7.23 ｝ 1月分 26.72 証憑アリ（白米カ）
			b. 洮昂線時局中食費	280.36		石原顧問ノ受領証アリ 組合￥97.40カ￥152.72トアルモ組合通帳控ハ￥72.84ノミ添付シアリ、其他ハ内容不明、組合以外ノ分ニハ12月下旬賄料トシテ￥139.65ニ対スル南満旅館ノ請求書添付シアルモ其他ハ一切不明ナリ。
			c.	63.61		石原顧問ノ受領アリ、組合ヨリ購入品代￥44.61ニ対シテハ通帳控添付シアルモ現金￥19.00ニ対シテハ証憑ナク購入品内容モ不明ナリ。
			(3) 証憑不備ノモノ			
			a. 12月中旬別館及東站食堂賄代	178.90		南満旅館ノ請求書ニ「領收候也」ト添記セルハニテ
			b. 12月上旬 〃	419.11		領收証印ト認ムベキモノナシ
			c. 11月分 〃	563.28		孰レモ明細ハ添付ナシ
						（備考）別ニ1月上旬別館賄料￥146.50（南満旅館請求書）及1月中旬同上￥166.50（同領收証）アルモ証憑金額ト傳票金額トヲ合致セサルタメ添付ノ意味不明ナリ。恐ラク(2)ノa.ニ属スルモノト想像セラル。此ノ二口ヲ除キタル上記摘要補記載ノ内訳金額ノ合計ハ伝票金額ノ合計ハ傳票金額ト合致ス。

66

③ 54

地方部庶務課

満洲事変費証憑審査ノ結果

(内容ノ照会又ハ証憑ノ請求ヲ要スルモノ)

整理月日	傳票番號	科目	摘要		金額	備考
6. 10 31	長地 c 1960	警備費	(A) 1. 時局係乞食費(長春青年訓練所乞及係乞) (長地)	析田嘉平	26 00	単ニ摘要記載通リノ領収証ニシテ算出基礎明記ナシ。支出ノ事由、人員、単價等ニ就テ一應照会スルヲ要スト認ム
10 15	〃 〃 1791	〃	炊出代(19–23/9 避難者分 185.85 19/9–2/10 地事時局係乞及在郷軍人、青年訓練所乞弁当代 285.00) (長地)	析田嘉平	370 45	支出事由、賄人員、単價等内容ニ就テ一應照会ヲ要スト認ム。
12 8	〃 〃 2887	〃	警備團炊出代外 (長地)	義勇團長 四戸友太郎	385 28	義勇團長四戸友太郎ノ受領証アルモ明細書添付シアラス。他ノ各地警備團費ハ何レモ明細書或ハ支拂先ノ受領証等ヲ添付セルヲ以テ此分ニ対シテモ明細書添付スルコトニ一應長地ニ照会ヲ要スト認ム
12 26	〃 〃 2868	〃	警備用弁当代 時局ノタメ居残、青訓、建児團 (長地)	析田嘉平	18 50	算出基礎不明ナルヲ以テ一應支出事由人員、単價等ニ就テ照会ヲ要スト思料ス
12 直 4	奉地 c 127	〃	自警團炊出代 19–21/9 3日間 (奉地)	在郷軍人分会長 木下亮九郎	300 00	在郷軍人分會長ノ受領証アルモ明細書ナシ。他ノ各地警備費ニ倣ヒ明細書添付ノコトニ一應奉地ニ照会ヲ要スト思料ス。
3 29	遼地 c 1205	〃	満洲事変ノ為遼地管内首山、張台子、煙台、十里河、沙河各附属地警備自警團ニ対スル炊出費用 (遼地)	関屋悌蔵	106 17	遼地事務所長ノ受領証ノ外、各地駅長ノ受領証(首山15.00 十里河11.22 沙河11.00 煙台56.00 張台子15.00)添付シアルモ人員、単價等不明ニ付算出根據記入スルコトニ遼地ニ照会ヲ要スト認ム
				小計	1,206 40	
12 24	長地 c 2537	警備費	(A) 2 南嶺警備援助費 28/11–8/12 (長地)	義勇團長 四戸友太郎	195 67	義勇團長四戸友太郎ノ受領証アルモ明細書ナシ。上記ト同様ノ理由ニヨリ一應明細書添付ノコトニ長地ニ照会シテ可ナルベシト思料ス
				小計	195 67	
2 10	長地 c 3029	警備費	(A) 3 9/12–24/1 義勇團本部諸費 (長地)	義勇團長 四戸友太郎	57 45	義勇團長四戸友太郎ノ受領証アルモ明細書ナシ。上記同様長地ニ照会シテ可ナルベシト思料ス
				小計	57 45	

加 3年 (1934年) ✓

67

55

④ 経理部會計課

滿洲事變費證憑審査ノ結果

（内容照會又ハ證憑ノ請求ヲ要スルモノ）

整理月日		傳票番號			科目	摘要				金額	備考
						A. 1					
11	10	11	5	871	滿洲事變費	時局ノ為メ焚出食料品代	弗 53.15	@55.80	高樹林	29.66	本件ニ對シテハ單ニ左記摘要アルノミニシテ焚出シヲ要シタル具体的事由、實状並其ノ範圍、人數、期間、單價等不明ニ付他個所トノ振合上詳記ヲ要ス
〃	〃	〃	〃	872		〃	46.44	〃	〃	25.77	
〃	〃	〃	〃	878		〃	72.99	〃	〃	40.51	
〃	12	〃	4	869		〃			消費組合	38.81	
〃	16	〃	11	911		〃			栗野俊一	96.64	
12	17	〃	4	868		〃			新嶋商店	28.48	
〃	18	〃	29	949		〃			消費組合	13.31	
									小計	268.18	
						(D)					
2	25	2	22	1888		時局ノ為メ臨時使用自動車料					本件ハ1日大洋弗30.—トシテ計算スレハ (1) 弗450.— (2) 630.— (3) 390.—トナリ、之カ内拂トセハ各受領證ニ其ノ旨明記スヘキニモカヽハラズ、受領證ハ就レモ單ニ右期間ニ對スル賃銀受領證トナリ分割受領ノ形式トナリ居ラズ、且右不足ニ對スル支拂傳票ヲモ見当ラザルヲ以テ主計課審査係ニ注意シ哈爾賓事務所ニ照會ノ上適当処置スルコトヽシタリ 但シ第一回照會ニ對シテハ訖ニ回答ニ接シタルモ、尚上記ノ經緯十分明カナラザルヲ以テ再照會中ナリ。
						8/2～22/2 間分 ブルツオク	弗150.	@64.60	96.90 (1)	290.10	
						7/2～22/2 〃 ヤゴリニツク	〃	〃	〃 (2)		
						10/2～22/2 〃 ビユーネス	〃	〃	〃 (3)		
									小計	290.70	

68